JN416062

중국 토지제도 연구 시리즈 1

CEO들이 챙겨보는 중국 토지법 이얼싼

- 부동산 제도와 매매 분규편 -

중국 토지제도 연구 시리즈 1

CEO들이 챙겨보는

중국 토지법 이얼싼

부동산 제도와 매매 분규편

박종상 지음

학자원

Prologue

한국과 중국 양국이 1992년 수교를 맺은 이래, 지금까지 정치 · 경제 · 사회 · 문화 분야에서 맺은 폭넓은 교류와 증진은 양국의 상호 이익에 충분히 부응해 왔다. 그리고 양국의 지속적인 경제협력과 투자 확대는 오늘날 양국의 경제발전 단계를 상품 간 이동 형태의 무역교류 단계를 가치사슬(value chain)의 단계로 변화시켰다.

이는 한중의 경제협력 단계가 양국 글로벌리즘(globalism) 경제 발전단계의 핵심으로 자리를 잡고, 우리기업이 생산하는 상품의 가치가 중국에서 새롭게 자리매김하며, 양국의 경제협력 구조도 자연스럽게 극대화 되고 있다는 의미일 것이다.

그러나 한중 FTA 체결 이후 양국경제의 상호 발전 속에서 변화한 우리기업의 내수시장에 대한 선택과 확대는 우리기업에게 단순 가공과 분업 생산단계에서의 탈피를 요구하고 있으며, 우리기업이 중국 내수시장에 더욱 긴밀히 접근하여 계속적인 생산 가치를 구축해야하는 필요성을 대두(擡頭) 시키고 있다.

따라서 우리기업은 이제 과거와는 다른 한중 경제협력의 새로운 도약을 위하여 안정적 경영과 장기적 핵심전략을 통해, 중국 내수시장의 확대를 우선과제로 선택해야 할 시기이다.

한중경제 협력구조의 이러한 변화 속에서 우리 기업은 영속적인 기업운영을 위해 토지와 부동산 활용을 핵심 전략으로 선택하기 시작하였고, 중국에서의 토지소유와 활용은 점점 더 증가하고 있는 추세이다.

중국의 토지소유 관계는 공유토지제도(共有土地制度)로 이는 중국 경제가 자본주의 제도를 통해 발전하고 있고, 개혁과 개방을 통해 중국이 자본주의 국가와 실질적으로 동일한 경제 구성체로 변화하고 있음에도 불구하고 국가체제의 특성상 변화하지 않는 제도이며, 우리와는 서로 다른 제도이다.

이는 중국의 토지제도가 중국 경제발전 구조의 가장 기본적인 바탕이며, 한국과 다르게 운용되는 중국 경제제도의 특수성에 기인한 것이라 할 수 있다.

기업에게 있어 중국 토지와 부동산에 대한 활용은 경영전략의 한 부분이며, 필수불가결의 요소가 되어가고 있다.

그러나 이러한 한중 경제협력의 구조와 발전 변화에도 불구하고 중국법률에 대한 우리 기업인들의 이해와 부동산 활용에 대한 깊이는 많은 어려움에 봉착해 있는 현실이다.

실제로 우리기업의 중국 토지 소유와 활용이 증가하고 있는 만큼 토지와 부동산으로 인한 분규(紛糾)는 증가하고 있고, 이러한 분규(紛糾)는 한중 경제 활동의 당사자인 기업들에게 중국 내에서의 경제

활동을 위축시킬 뿐만 아니라, 큰 경제적 손실을 입히는 가장 치명적인 조건이 되기도 한다.

본서(本書)는 한중 양국 간 경제협력과 경쟁 속에서 토지를 매개로 일어나는 분쟁의 소지와 그 한계성의 극복을 위해 토지 및 부동산의 소유와 임대 등에서 발생하는 상호 분규의 문제를 법률과 기업인의 가치 평가적 측면에서 세편으로 나누어 설명하고 그 해결 방법을 제시하고 있다.

제I편 「중국의 토지소유 이론편」에서는 중국특색사회주의(中國特色社會主義) 경제체제 하에서 시행되는 중국 토지 소유권 체계의 법률적 이해를 위해 중국의 토지 제도가 우리와 어떻게 다른지를 정확히 비교 분석하였고, 우리기업이 중국 토지를 소유할 수 있는 법률적 근거를 정확히 설명하여, 우리기업들의 대(對) 중국 사업의 장기적인 프로젝트 관리와 중국 내수 시장에서 중국 토지를 향해 접근할 수 있는 법률 시스템을 이해할 수 있도록 하였다.

제II편 법률 적용편 (매매 분규에 따른 사례별 법률 해석) 에서는 지금까지 우리 기업이 중국 내에서 경험한 토지분규(土地紛糾) 문제를 법률적 관점과 기업인의 관점으로 해석함으로서 토지를 매개로한 중국 경제와의 접근성을 더욱 가깝게 설명하였고, 부동산에 대한 접근방법이 기업에게 따라 얼마나 큰 영향을 미칠 수 있는지를 설명하였다.

제II편 법률 적용편은 사례를 중심으로 중국에서 발생한 부동산 분규의 문제를 분석하고, 법원 판결이 나오기까지의 다각(多角)적인 법률 원칙과 관점을 담았으며, 기업인이 묻고 전문가가 답을 하면서 토지를 매개로 한 기업 간의 종속(從屬)적 민사(民事) 논쟁을 자연스럽게 이해하고 직접 평가할 수 있도록 하였다.

이는 우리기업이 중국 경제시장에서 안정적으로 경제활동을 할 수 있는 가장 핵심적인 법률을 이해하는 공간이 될 것이다.

제II편의 내용 대부분은 중국에서 다년(多年) 간 기업 활동을 하며 실제로 발생한 부동산 분규의 내용을 기업인들과 법률 관계자로 부터 직접 제공받아 분석하고 해석한 것으로서, 중국 부동산 제도 분규와 관련한 최초의 해설 자료가 될 것이다.

아울러 동 자료는 △사건전개, △중국 법률의 적용과 해석, △판례를 통한 관점 분석, △변호사와 법률 전문가의 자문(諮問) 등을 포함하는 연구 방법을 채택하였다. 따라서 기업인들의 관점에서 사건의 이해를 도울 뿐 아니라, 중국을 심도 있게 연구하는 연구자들이 중국 부동산 법률 체계를 연구하는데 있어서도 도움이 될 수 있을 것으로 생각한다.

이렇듯 제II편은 실제로 한중 경제 관계에 종사하는 기업인과 교민들이 직접 겪은 분규를 법률적 접근과 실질적 면담을 통해 해결하는 연구 방법을 사용하였기 때문에 II편을 통해서 기업인과 연구자들은 문제의 시초(始初)와 현장의 고민을 그대로 느낄 수 있을 것이며, 최종적으로 분규의 원인과 해결 처리 결과를 논리적으로 이해할 수 있게 될 것이다.

제III편 「한중 법률 대조 해설편 - 중국 물권법」에서는 중국의 부동산 소유권과 토지 관리제도의 근간을 이루고 있는 중국 물권법(物權法)을 명확히 해석하여 기업인들로 하여금 중국 부동산 활용에 관한 법률적 이해를 제도화 할 수 있도록 하였고, 중국 토지소유와 관리의 안정에 관한 내용이 포함되어 있기 때문에 내용을 숙지한다면 토지분규를 사전에 방지할 수 있는 근본적인 해결 방안이 제시될 수 있을 것이다.

최근 중국 정부는 법에 따른 행정을 강조하는 의법치국(依法治國)을 강조하고 있다. 자본주의 경제체제에서 법에 따른(依法) 치국(治國)은 지극히 당연한 원리이다. 그러나 중국정부가 의법치국을 새로운 행정 집행의 요소로 강조하고 있다는 것은 그간의 행정이 의법(依法) 외의 다른 요소를 통해 많이 이끌렸다는 의미가 될 것이다.

그리고 이를 중국의 경제발전 단계에서 보면, 이제 중국의 경제규모와 범위가 법(法)에 따른 원칙과 집행 강화의 필요성을 대두(擡頭)

시켰다고 하는 의미일 것이다.

중국이 이렇듯 새로운 의법치국의 기치(旗幟)아래 법리를 통한 경제원칙 집행을 강조하고 있을 즈음, 우리 기업들도 의법(依法) 외의 경영 요소에서 벗어나 중국 정부의 정책적 범위와 방향을 이해하고 법률적 토대위에서 영구적이고 안정적인 중국 내수시장 확대를 시도하여야 할 것이다.

본서는 한중 양국의 기업 환경과 발전단계를 배경으로 집필되었고, 중국 법률의 활용과 이에 따른 기업 경영의 안정을 목표로 집필 되었다.

따라서 본서를 통해 기업인들이 중국의 토지소유 구조와 법률적 이해를 고양(高揚)하고 토지와 부동산 분야에서 발생할 수 있는 분규를 사전에 최소로 예방할 수 있기를 희망한다.

마지막으로 중국 법률, 중국 토지 · 부동산 제도, 중국을 공부하는 연구자 및 정책 입안자들에게 본서가 중국 토지제도에 대해 정확한 이해를 돕는 선도(先導)적 지침서가 될 수 있기를 기대한다.

2016년 6월 30일

중국에서 **박 종 상**

Contents

CHAPTER 2

법률 적용편 (매매 분규에 따른 사례별 법률 해석)

CHAPTER 3

중국 물권법 해석

CHAPTER 1

중국 토지소유권 이론편

제1장

토지재산권

1. 토지재산권의 개념과 소유 관계

가. 개념

토지재산권(土地財産權)이란 토지와 토지에 따르는 토지권리를 객체(客體)로 하는 재산상의 이익에 관한 내용을 담은 민사권리(民事權利)로, 중국 토지재산권에 관한 법률제도는 민법물권(民法物權)을 근간으로 하고 있으며, 토지소유제를 통해 실현된다.

나. 토지소유와의 관계

토지소유제는 일정한 사회제도 하에서 이루어진 토지의 소유에 관한 경제 형식으로, 토지제도와 토지관계 제도의 기초가 되며, 각 시대와 국가는 서로 다른 사회생산 방식에 따라 결정되어 운영된다.

지금까지 인류사회는 △원시사회의 씨족공사(氏族公社) 토지소유제, △노예(奴隸)사회 토지소유제, △봉건(封建) 토지소유제, △자본주의(資本主義) 토지소유제, △사회주의(社會主義) 토지소유제 등 사회 생산방식에 따른 5종류의 소유 제도를 거치면서 토지소유제의 발전을 실현하였다.

토지소유 제도를 토지의 소유 주체에 따라 나누면 토지사유제(土地私有制)와 토지공유제(土地公有制)로 구분 지을 수 있다. 여기서 노예사회 토지소유제, 봉건 토지소유제, 자본주의 토지소유제는 토지사유제에 해당하며, 원시사회의 씨족공사 토지사유제와 사회주의 토지소유제도는 공유 토지사유제에 해당한다.

그리고 현대 국가가 시행하고 있는 소유제를 기준으로 토지소유의 형태를 나누면 일반적으로 3종류로 나눌 수 있다.

(1) 사주공보 소유제(私主公輔所有制)

먼저, 사유제도가 중심이 되고 국가의 공공 소유는 이를 보완하는 사유제도와 공유제도의 혼합 형태를 나타내는 사주공보(私主公輔) 토지소유제이다.

사주공보 제도는 개인의 토지 소유를 근간으로 하지만, 사회 공공 역할을 위한 토지를 국가가 소유함으로서 공공의 이익을 보장한다. 따라서 국유 토지를 제외한 개인의 토지는 교역이 가능하며, 한국, 미국, 독일, 프랑스, 일본 등 대부분의 자본주의 국가는 사주공보 토지소유제를 시행한다.

(2) 토지국왕 소유제(土地國王所有制)

다음은 토지국왕 소유제(土地國王所有制)로 국왕 소유의 토지는 소유권의 이전을 금하고, 황실봉읍(皇室封邑) 이외의 토지에 한해 개인 소유권에 관한 교역이 가능하다.

황실 소유의 토지는 소유권을 변경할 수 없기 때문에 소유권이 아닌 토지사용권에 대한 교역을 통해 토지재산권의 시장기능을 시행하고, 일반적으로 75년, 99년, 999년 등 제한된 기간 동안의 사용권 교역이 허용된다.

황실이 존재하고 있는 영국 및 영국 연방국가가 대표적으로 토지국왕 소유제를 시행한다.

(3) 사회주의 토지공유제(社會主義土地所有制)

마지막으로 사회주의 토지공유제(社會主義土地所有制)로 국가가 토지소유권을 완전지배하고, 필요에 따라 무상 및 무기한 임대 방식 등을 통해 국가가 토지사용자에게 토지를 공급한다.

따라서 토지소유권에 관한 일체의 교역은 금지되어 있고, 단지 토지사용권의 교역만을 통해 토지 시장을 형성한다.

중국, 북한 등과 같은 사회주의 국가가 사회주의 토지공유제를 시행하는 대표적인 국가로 법률적인 의미에서 개인의 토지

소유권은 어떠한 경우에도 발생할 수 없으며, 국가가 소유하고 있는 소유권 또한 교역이 될 수 없다.

중국은 그러나 1978년 개혁개방 이후 토지소유권은 변화 없이 토지사용권에 대한 다양한 변화를 통해 경제 발전을 유도하여 왔기 때문에 여타 사회주의 국가의 토지 소유제도와는 다른 사회주의 토지공유제도(土地公有制度)를 시행하고 있다고 할 수 있다.

2. 중국 토지재산권의 변화와 특징

가. 토지재산권 변화의 개념

사회주의 토지공유제 국가인 중국은 국가의 토지를 공용으로 사용하고, 그 사용권이 제한되어 있어 토지교역 시장이 형성되어 있지 않았다. 따라서 개혁개방 전까지 중국의 토지는 경제발전 과정에서 경제발전의 상수(常數) 역할로 제한되었고, 다른 국가와 달리 토지의 가변적 역할이 제한되면서 토지는 경제발전의 중요 요소에서 배제되었다.

그러나 중국은 1978년 개혁개방(改革開放) 이후 토지에 대한 소유권은 그대로 유지하면서 토지사용권의 변화를 통해 토지재산권(土地財産權) 시장과 교역의 활성화를 형성하게 되었고, 상수를 변수(變數)로 변화시키면서 토지사용권을 통한 경제발전을 유도하게 되었다.

나. 토지재산권 변화의 특징

중국 토지재산권은 개혁개방이후 실시된 토지사용권의 운영과 이를 통한 시장적응 과정을 겪으면서 아래와 같은 특징을 갖고 변화 되었다.

(1) 공유공용(公有公用) 토지에서 공유사용(公有私用) 토지로

중국의 토지사용제도는 사회주의 정치구조 속에 개혁개방 이후 자본주의적 경제 요소가 합쳐지면서 발전된 형태로서, 토지공유제(土地公有制)를 근간으로 토지사용권(土地使用權)이 갖고 있는 이전(移轉), 저당, 임대, 증여 등의 사용방식을 사유화하는 방법을 통해 부동산 시장에서 토지사용권의 상품화가 진행되었다.

따라서 국가 소유의 토지를 공용으로 사용하던 시대에서 국가 토지의 소유를 개인이 사용하는 변화를 통해 중국 경제의 시장 적응을 유도하였다.

(2) 정태(靜態) 토지에서 동태(動態) 토지로

고대 씨족사회와 사회주의 국가가 등장한 시기를 제외하면, 토지재산권은 일반적으로 소유와 사용으로 2원화 되어 유지되었다. 그러나 1949년 사회주의를 기반으로 한 중국의 건국은 토지소유를 국가(國家)와 농민집체(農民集體)로 제한하였고, 토지사용권 또한 제한하였기 때문에 토지재산권의 개념은 협소한 소유의 개념으로 축소 변화된다.

개혁개방 이후 중국 정부는 토지사용권의 변화를 통해, 토지에 대한 재산권을 토지의 소유에서 토지의 사용으로 귀속(歸屬)시키고, 토지사용권을 토지재산권의 가장 중요한 권리로 새롭게 정립하기 시작하였다.

이에 중국 토지는 건국 초기 중국의 경제 발전에 제한적 영향을 미치며 사회적 변화 여건(與件)에 미비(未備)한 영향을 주었던 정태(靜態)적 요소에서, 개혁개방 후에는 경제를 활성화 시켜 경제를 움직이게 하는 동태(動態)적 요소로 변화되었고, 중국 부동산 교역의 활성화를 유도하여, 중국의 경제 발전을 이끄는 가중 중요한 동력(動力)이 되었다.

(3) 집체토지사용권(集體土地使用權)에 대한 변화 요구

중국의 모든 토지는 국가의 통제 하에 있으나, 그 소유 형태로 보면 도시와 농촌의 지역 구분에 따라 국가소유(國家所有) 토지와 농민 집체소유(集體所有) 토지로 분리되어 있다. 그러나 농민들이 소유하고 있는 집체토지사용권(集體土地使用權)에 대한 교역은 국가 소유 토지인 도시 토지의 사용권에 비해 상대적으로 큰 제한을 받고 있어, 부동산 시장의 활성화 정도에 있어서도 상대적으로 낮은 활용도를 나타내고 있다고 할 수 있다.

따라서 중국 집체토지사용권에 관한 교역제한은 개혁개방 이후 집체토지의 실수요자인 농민들을 중심으로 사용권 활성화에 관한 강한 요구를 불러일으키게 된다.

이러한 요구는 정치적 변화로 이어지고 있으며, 집체토지의 대표적인 사용권인 △택기지사용권(宅基地使用權), △토지도급경영권, △토지담보권 등은 농업인구, 경지면적, 농촌경제 등과 연결되어 경영 방식에 대한 새로운 경제적 변화를 준비 중에 있다.

또한 집체토지사용권(集體土地使用權)에 관한 변화는 농업(農業), 농촌(農村), 농민(農民)으로 불리는 이른바 중국 3농문제(三農問題) 해결의 가장 중요한 해결방안으로 제시되고 있다. 따라서 농촌의 토지 소유와 사용을 근간으로 하고 있는 토지관리법 등은 집체토지사용권의 변화와 집체토지사용권의 시장 확대를 유도하는 방향으로 발전될 것으로 전망된다.

제2장

토지소유권

1. 중국 토지소유제의 변천

가. 토지제도의 형성과 정전제

중국의 토지소유제는 정치 구조에 따른 단계적 변화 속에 원시씨족사회부터 현재까지의 변화와 발전이 진행되었으며, 신중국의 건국과 함께 마침내 현재의 국유공유제도에 이르게 된다.

토지제도가 시작된 원시씨족(原始氏族) 시대는 거주지와 잉여재산을 함께 공유하여 공동체를 이루었던 씨족공동 토지소유의 시기로, 토지를 실질적으로 거주하고 점유하는 씨족과 부락의 구성원이 공동으로 토지를 소유하고 경영하였다. 씨족공동 토지소유제도는 토지공유제(公有制) 시초(始初)의 시기로 토지제도의 시작이 공유제로 시작되었다고 하는 큰 의미를 지닌다.

중국에서 고고학적 연대를 확인할 수 있는 최초 왕조인 상

(商)나라와 이를 이은 주(周) 나라 시대는 노예사회를 기반으로 하는 권력이 왕실에 집중된 시기로, 시경(詩經)에서 주(周) 왕이 말한 "보천지하(普天之下), 막비왕토(莫非王土)(천하의 땅이 왕의 영토가 아닌 곳이 없다)"와 같이 권력과 토지가 왕에게 모두 집중된 정전제(井田制)가 운영되었다.

정전제(井田制)는 토지의 단위를 井(정)자 형태의 9단계로 나누고 중앙은 공전(公田)으로 나머지 8부분을 사전(私田)으로 정하여 8가구(家口)가 공동으로 농지를 경작하는 방법으로, 왕이 토지의 모든 소유권(所有權)을 갖고 제후와 신하는 토지에 대한 사용권(使用權)만 갖고 운영된 토지국유제로 평가된다.

나. 봉건제도와 토지의 사유화

춘추시기(春秋時期, B.C770-B.C403)에 이르러 우경(牛耕)과 철제(鐵製) 농기구의 발달은 황무지의 개간을 급속도로 확대하기 시작하였고, 개간된 황무지가 사유화로 빠르게 전환되면서 사유화된 토지를 소유하고 있는 서로가 농토를 교환하고 사유화하는 단계에 이르게 된다.

이러한 토지환경의 변화를 맞이한 노(魯)나라는 기원전 594년 합법적 토지사유제인 초세무(初稅畝) 제도를 시행하게 되었으니, 이후 중국의 토지제도는 사유화로의 점진적 변화를 걷게 된다.

초세무 제도를 시작으로 공유제의 근간이었던 정전제가 흔들리고, 토지 사유화 제도가 공식적으로 일부 허용되면서, 전국시기(戰國時期)(B.C403-B.C221)로 진입하게 된다. 진(秦)나라는 기원전 350년 상앙변법(商鞅變法)을 통해 정전제를 완전 폐지하고, 밭의 개간을 확대 발전시키는 폐정전(廢井田) 개천맥(開阡陌)을 거쳐 봉건 토지소유제(封建土地所有制)를 맞이하게 된다.

전국(戰國) 시대 말기부터는 황제로부터 영토를 부여(賦與) 받은 봉건계층이 토지를 사유화 하여 농민을 고용하고, 토지의 소유권을 독점하면서 봉건계층은 봉건 토지소유제도 아래 토지 지주계층으로 성장한다.

이후 시대에 따라 지주계층은 변화를 맞지만, 봉건계층이 등장한 이후부터 토지소유제도는 국유(國有)와 사유(私有)의 공존 형태로 운영된다.

중국 각 시대는 이후 △한(漢)나라의 한전제(限田制)(토지소유와 매매의 제한을 두는 제도), △북위(北魏)에서부터 실시되어 수(隋)나라와 당(唐)나라로 이어진 균전제(均田制)(국가가 백성들에게 토지를 배분하고, 정도에 따른 일정량의 세금을 부과하는 제도), △송(宋)나라의 방전균세법(方田均稅法)(일정기간마다 국가가 토지를 측량하고 토지면적과 척박정도에 따라 관료와 지주에게도 세금을 징수하는 제도), △명(明) 나라의 일조변법(一條變法)(토지단위의 면적과 장정에게 징수되던 세액을 은으로 일괄 납부하는 제도), △청(淸)나라의 탄정입묘(灘丁入苗)(인두세와 지세를 통합하여 세금을 징수) 제도 등을 거치면서 봉건제를 근간으로 한 토지제도가 시행되었다.

중국의 마지막 봉건국가인 청나라의 멸망에 이어 등장한 중화민국(국민당 통치시기)은 1930년 토지 사유제의 계승을 기본으로 하는 토지법을 반포(頒布) 하고, 이를 근간으로 공유토지와 사유토지 제도를 병행한다.

초세무(初稅畝) 제도의 시대배경과 평가

- 중국 춘추시기(春秋時期)는 우경(牛耕)과 철제(鐵製) 농기구의 보편적 보급으로 농업 생산량의 증대와 농업 기술을 이용한 황무지 개간의 확대를 가져온다. 그러나 황무지를 개간한 사람들이 개간된 황무지를 국가의 허락 없이 암암리에 본인의 토지 소유로 전환하면서 토지사유화는 증가 하였다. 이와 동시에 토지 강탈, 교환, 하사품 등을 통한 귀족들의 토지사유화가 점차 증가하면서 토지제도는 시대적 변화를 요구하게 된다.

- 증가하는 사유 토지를 통해 국가의 세금 징수가 이루어지지 못하고, 국가 재정 수입이 감소하자, 정전제(井田制)를 통해 세금을 징수하던 노(魯)나라는 선공(宣公) 15년(기원전 594년) 초세무 제도의 시행을 통해 토지를 기반으로 하는 국가 재정을 확대하였다.

- 초세무제도는 공전(公田)과 사전(私田)의 구분 없이 생산량의 10%를 세금으로 징수하는 제도로, 초세무제도를 통해 노나라의 재정 수입은 증가하게 되었고, 초세무제도는 이후 초(楚)나라, 정(鄭)나라, 진(晉)나라 등으로 확대 실시되었다.

- 법률적 측면에서 초세무제도는 토자사유제도의 전제 하에 토지로부터 생산 된 일정의 생산량을 국가에 납세하는 제도로, 중국이 노예사회에서 봉건사회로 변화 발전하는 단계에 시행된 합법적 토지사유화 제도로 평가된다.

2. 중국 토지소유제의 연원과 확립

가. 농촌 토지의 집체소유제 과정

1949년 10월 1일 새로운 중국(新中國)을 건국한 중국 공산당은 농민과 농촌의 안정을 위해 토지개혁을 시행한다.

중국의 토지개혁은 대지주(大地主)의 토지를 몰수(沒收)하고, 토지에 대한 소유권을 국가에 귀속(歸屬)시킨 후 농민에게 재분배(再分配) 하는 내용을 핵심으로 담고 있어, 중국정부는 토지개혁을 통해 농민과 농촌지역의 지지를 얻고 국가의 안정을 확보하였다.

중앙인민정부(中央人民政府)는 1950년 토지개혁 내용을 담고 있는 토지개혁법(土地改革法)을 처음으로 제정(制定)하였으며, 동 법은 봉건지주계급의 토지소유를 폐지하고 농민 토지소유제를 실행함으로서, 농촌의 생산력을 향상시키고 중국 농민의 새로운 길을 열어간다고 하는 내용을 포함하고 있다.

토지개혁법 제정을 근거로 시작된 중국 농촌 지역의 토지개혁은 1953년 초에 이르러 기본적으로 완성되었다고 평가되며, 이후 중국에서는 소유주체에 따른 국유토지와 농민 사유(私有) 토지 제도가 병존하게 된다.

토지개혁법의 실행 과정 중 1953년 2월 중공중앙(中共中央)은 '농업생산 호조 합작사에 관한 결의(關于農業生産互助合作社的決意)'를 발표하고, 농촌과 농민을 대상으로 농업 합작사의 건립을 시행한다.

합작사란 농촌의 노동인력을 토지별 단위(單位)를 기준으로 하는 하나의 생산기구로 통합하고, 농민들이 농민과 토지가 포함된 통합단위를 기준으로 농촌의 생산문제를 공동합작의 방식으로 경영하도록 하는 것으로, 합작사가 처음 시행된 초급합작사(初級合作社) 시기에는 농업 집체경영(集體經營)을 전제로 농민들에게 일정부분의 토지소유권이 허용되었다.

초급합작사 시기의 법률은 농촌 토지의 농업 외 이용을 금지하고 있으나, 행정적 방법을 통한 제한적 이용이 실질적으로 진행되었기 때문에 초급농업사 시기는 사유제의 농민토지소유제도를 공유제의 농민집체소유제로 전환하기 위한 과도기 단계로 평가된다.

초급합작사의 과도기를 거쳐 1956년 고급농업합작사(高級農業合作社)의 시대에 진입하게 되면서 중국 토지제도는 근본적인 변화를 맞이하게 된다.

고급농업합작사는 법률이 정한 장정(章程)에 따라 운영된 바, 고급농업생산합작사시범장정(高級農業生產合作社示範章程) 제13조는 '합작사에 통합되는 농민은 자신의 토지와 경지(耕地), 가축, 대형농기구 등 주요 생산 자료를 반드시 합작사의 집체소유(合作社集體所有)로 전환한다.'고 명시하였다.

합작사를 통해 단위별로 구성된 농촌은 장정에 따른 운영 이후 토지의 개인 소유가 실질적으로 불가능해지기 시작하였으며, 토지가 합작사에 귀속됨으로서 농촌 토지는 소유에서 공동 사용으로 의미가 전환되는 시대를 맞이하게 된 것이다.

1962년 제정된 '농촌인민공사 공작조례수정초안(農村人民公司工作條例修正草案)'은 농촌토지를 농민에게 공동으로 귀속(歸屬)시키는 문제에 있어 더욱 명확한 법률적 역할을 하게 된다.

농촌인민공사조례수정초안은 '생산대(生産隊) 범위내의 모든 토지는 생산대 소유로 귀속(歸屬)시키고, 사원(社員)의 자류지(自留地), 자류산(自留山), 택기지(宅基地)를 포함하여 생산대에 귀속된 토지는 임대 및 매매를 허가하지 않으며, 현급(縣級) 이상 인민위원회의 심사와 비준을 거치지 않고는 어떠한 조직이나 개인도 생산대의 토지를 점용할 수 없다.'고 명시하였다.

동 법률은 농촌의 단위별 구성원을 생산대(生産隊)의 구성원으로 재조직하고, 생산대에 속한 구성원은 사원이 되었으며, 사원이 개인소유하고 있던 토지, 임야 및 거주용 주택 토지는 모두 생산대에 귀속시켜, 생산대에서 토지를 공동 관리하도록 하였다. 특히 생산대에 귀속된 토지의 매매와 임대를 모두 금지함으로서 생산대의 구성원이 영구적으로 농촌의 토지를 공동 소유할 수 있는 의식적 기반을 탄생시킨 것이다.

장정과 조례의 제정에 근거한 농촌 구성원의 합작사와 생산대로의 귀속은 사유제의 중국 농촌 토지소유제가 과도기를 마치고 현재 형태의 집체소유제로 완전히 전환되었음을 의미하는 것으로 이는 중국 역사에서 나타나는 중국 농촌 토지제도의 근본적인 변혁으로 평가된다.

나. 도시토지의 국가소유화 과정

중국 도시 토지의 공유화는 농촌지역의 토지에 비해 상대적으로 간단한 과정을 거쳐 완성된다.

1949년 10월 1일 건국을 선포한 중국 정부는 도시의 모든 토지를 국가소유로 선포한다. 그리고 도시와 농촌 간의 경계선상에 있던 도시외곽 및 도시 주변의 농업용지에 대해서는 별도의 개혁조치를 실행한다.

1950년 11월 23일 정무원(政務院)은 '도시 외곽 토지개혁 조례(城市郊區土地改革條例)'를 공포(公布)하고, 동 조례를 근거로 도시 외곽지역의 토지를 몰수(沒收) 또는 수용(收用)하여 도시 외곽 토지에 대한 단계적 국유화 조치를 시행한다.

지주가 도시 외곽에 소유하고 있던 토지와 역축(役畜), 농기구, 거주이외의 주택 등은 몰수를 통해 국유화 하였고, 학교, 교회. 사원(寺院) 등의 단체가 도시 외곽에 소유하고 있던 농업토지는 수용을 하였으며, 농민들이 거주하고 있던 방옥(房屋)도 일정한 배상을 통해 수용하여 국유화 하였다.

이후 중국정부는 농업용으로 사용된 토지를 농민들에게 균등하게 분배하여 거주하고 있던 농민들의 집체(集體)별 토지사용을 인정하였고, 도시 건설과정에서 고려되는 특수한 상황(명승

고지의 비국유화 등)과 도시 외곽지역이 갖고 있는 농업 생산의 지역적 상황(개간 토지의 비국유화 등)을 고려하여 도시와 도시 외곽지역의 토지를 지배 관리하였다.

중국의 토지소유제도는 이렇게 도시와 농촌으로 구분된 국유화의 과정을 통해 국가가 도시와 도시 외곽 토지를 소유하고, 농민집체(農民集體)가 농촌 토지를 소유하는 2원화 토지공유제를 확립하였으며, 이후 1954년 9월 20일 헌법(憲法) 제정을 통해 오늘날의 중국 토지 소유제도가 성립된다.

용어정의

정무원(政務院)

- 중국 국무원(國務院)의 전신으로 중국 건국 초기인 1949년 10월 21부터 1954년 9월27까지 운영 설치되었던 중국 중앙인민정부의 최고 행정집행 기관이다.

- 저운언라이(主恩來)가 초대 총리 겸 외교부장에 임명되었고, 동비우(董必武), 천윈(陳雲), 궈모뤄(郭沫若), 황옌페이(黃炎培)가 부총리에 임명되었으며, 1952년 8월 7일 중앙인민정부위원회 제17차 회의를 통해 덩사오핑(鄧小平)이 부총리로 추가 임명된다.

- 1954년 9월 20일 제1기 전국인민대표대회(全國人民代表大會)에서 중화인민공화국의 헌법과 국무원 조직법이 제정되면서 정무원은 그 권한을 축소하여 현재의 국무원으로 개편되었다.

3. 중국 토지소유권의 개념 및 특징

가. 중국 토지소유권의 개념

토지소유권이란 토지 소유인이 타인의 간섭을 받지 않고 토지 소유인이 소유하고 있는 토지를 독점적으로 지배할 수 있는 권리로, 토지소유인은 법률이 규정하고 있는 범위 내에서 점유, 사용, 용익(用益) 등에 관한 처분권을 갖는다.

나. 중국 토지소유권의 특징

중국 토지소유권은 토지물권(土地物權)의 일종으로 물건을 지배하여 얻는 배타적 권리인 물권(物權)의 일반적 특징과 함께 특정성, 금지성, 안정성의 특징을 갖는다.

(1) 소유의 특정성

중국의 토지소유권은 토지의 사회주의 공유제도에 따라 국가와 농촌집체(集體)로 2원화 되어있기 때문에 토지소유의 주체(主體)가 국가와 농촌집체로 정해져 있는 특정성(特定性)을 갖고 있다.

(2) 교역의 금지성

중국은 토지 공유제의 보호를 위해 토지소유권의 교역(매매)

을 금지하고 있기 때문에 어떠한 형식으로도 토지는 교역의 객체(客體)가 될 수 없는 토지 소유권 교역(交易)의 금지성(禁止性)을 갖고 있다.

(3) 권리귀속의 안정성

공공의 이익에 따른 불가분의 수요에 의해 국가가 집체토지를 수용하는 경우를 제외하면, 중국은 토지소유권에 대한 교역을 완전금지하고 있기 때문에 토지소유권의 물건(物權)이 변동되지 않는 권리귀속(權利歸屬)의 안정성을 갖고 있다.

제3장

중국 토지소유권의 종류

1. 국가토지소유권(國家土地所有權)

가. 국가토지소유권의 개념

국가토지소유권은 토지의 소유권에 관해 타인으로부터 어떠한 간섭도 받지 않고, 국가가 토지를 독점적으로 보유, 지배(支配)하는 토지소유의 권리를 말한다. 따라서 법률이 정한 바에 따라 국가는 국유 토지를 점유, 수익(收益) 및 처분할 수 있다.

나. 국가토지소유권의 특징

(1) 소유 주체의 유일성

국가토지소유권의 주체는 국가로써 토지의 소유권은 국무원이 국가를 대표하여 행사하기 때문에 소유 주체인 국가는 국가토지소유권에 대한 유일성(唯一性)을 갖는다.

(2) 소유권의 항구성

국가토지소유권은 어떠한 방식으로도 매매 교역의 객체가 될 수 없다. 토지소유의 관계에서 국가는 수용이나 겸병(兼倂)의 방법을 통해 집체소유의 집체토지(集體土地)를 국가소유의 국가토지로 소유권을 변동시킬 수 있다.

그러나 국가토지에 대한 소유권을 집체소유로 변동시키는 것은 절대로 불가하다. 이를 토지의 공간적 관점에서 보면, 집체토지소유권의 범위는 점진적으로 축소될 수 있는 반면, 국가토지소유권의 범위는 지속적으로 확대만 될 수 있다는 의미로 국가소유의 토지는 소유권의 항구성(恒久性)을 갖는다.

(3) 소유권의 비등기성

중국 물권법(物權法) 제9조는 '중국 국가 소유의 자연자원(自然資源)은 등기(登記)를 하지 않을 수 있다.'고 규정하고 있다.

이는 등기를 마친 집체소유(集體所有)를 제외한 모든 토지는 국가에 귀속되어 있고, 국가가 소유한다는 의미로 집체토지와 달리 국가소유의 토지소유권은 등기를 통해서 이루어지는 것이 아니라 등기된 토지를 제외한 모든 토지는 국가의 소유임을 의미한다. 따라서 국가소유의 토지는 등기의 의무를 수반하지 않는 소유권에 관한 비등기성(非登記性)을 갖는다.

(4) 소유권 행사의 특수성

국가가 비록 국가 토지의 토지소유권을 보유하고 있다고 하더라도 모든 토지를 국가가 직접 경영하는 것은 아니고, 국가는 국가토지소유권의 부분적 권리를 국가소유의 각 단위(單位)에 위탁하여 행사(行使)한다.

따라서 국가는 토지에 따른 사용권(使用權)을 별도의 단위(單位)나 개인에게 양도(讓渡)(출양,出讓)하고, 토지 사용권의 위탁, 출양(出讓)(임대) 등을 통해 수익을 취득할 수 있는 소유권 행사의 특수성(特殊性)을 갖는다.

(5) 소유 객체의 광범위성

국가토지 소유의 주체는 국가이나 국가토지소유권의 범위는 실질적으로 중국 전역의 토지를 대상으로 하고 있기 때문에 그 소유권이 광범위(廣範圍)(UNIVERSITY)한 특징을 갖는다.

비록 농촌의 집체소유 토지가 그 소유 주체에 따라 국가토지 소유와 구분되어 2원화 되어있지만, 국가는 배상에 따른 수용(收用) 등을 통해, 농촌과 농촌 외곽 토지를 국유화 할 수 있다. 따라서 국가의 소유권은 중국 전역의 토지에 광범위하게 미치는 특성을 갖는다.

다. 국가토지소유권의 범위

(1) 건국초기 법률

중국은 헌법(憲法), 민법통칙(民法通則), 토지관리법(土地管理法) 등의 법률에 따라 국가토지 소유권의 범위를 규정하고 있으며, 도시와 도시외곽의 토지는 국가소유로, 농촌의 토지는 집체토지 소유로 하는 것을 원칙으로 하고 있다.

1950년 시행된 '토지개혁법' 제15조는 국유 토지의 범위를 '현(縣) 이상의 인민정부(人民政府)는 토지 분배(分配) 시, 당지(當地)의 토지 정황(政況)을 고려하여 일부 토지를 당지 형식에 맞게 분리하고 국유토지로 귀속한다.'고 규정하여 현지의 특수한 상황에 따라 할애된 일부 토지에 한에서만 별도의 소유를 인정하고, 별도 인정된 토지를 제외한 모든 토지를 국가로 귀속시켰다.

또한, 1950년 도시외곽토지개혁조례(城市郊區土地改革條例) 제9조는 도시와 농촌간의 경계선상에 있는 도시외곽의 토지에 관해 규정하고 있는 바, '도시외곽에서 몰수 및 수용한 농업토지는 모두 국가 소유로 귀속하고, 인민정부에서 관리한다.'고 명시하고 있다.

더 나아가 1962년 실시한 '농촌인민공사 공작조례 수정초안(農村人民公司工作條例修正草案)은 농민집체 범위에 포함되지 않은 토지는 모두 국가소유의 토지로 규정하고 있다.

중국 건국 초기의 이러한 법률은 개인의 토지소유권을 완전 배제하고, 토지소유의 주체를 국가로 한정하여, 토지에 관한 유일 소유권을 국가가 갖게 함으로써 토지를 국가가 직접 지배 관리할 수 있는 가장 기본적인 법률적 근거가 되었다.

(2) 개혁개방 후 법률

개혁개방 이후 이농(離農) 현상이 발생하면서 집체토지의 소유 주체인 농민들이 농촌을 장기간 떠나는 경우가 발생하게 되었고, 농민이 떠난 자리에는 농민의 안정을 위해 분배된 집체토지의 소유권에 관한 규정을 필요로 하게 되었다.

이에 1995년 국가토지국(1998년 國土資源部로 통합 개편)은 '토지소유권과 사용권의 규정 확정(確定土地所有權和使用權的若干規定)을 반포하였으며, 동 법 제2장에서는 국가소유의 토지 범위에 관해 설명하고 있다.

규정에 따르면, 농촌과 도시외곽의 토지 중 국가 소유의 토지는 △강, 하천, 산림, 초원, 황무지, 간석지 등 기타 토지, △법에 의해 국가가 수용한 집체 토지, △이미 몰수, 수용한 토지, △농민 집체토지의 구성원 전원이 도시 주민으로 변동되고, 원주민이 소유하고 있던 집체 토지, △자연재해, 조직이민 등의 기타 원인으로 인해 거주민이 떠난 후 농민이 다시 사용하지 않는 토지는 국가소유의 토지로 귀속됨을 명확히 밝히고 있다.

또한, 제18조는 국가와 농민집체 간 발생할 수 있는 토지소유권에 관한 쟁의(爭議)의 경우를 규정하고 있는 바, 토지 소유권에 관해 국가와 농민집체 간에 쟁의가 발생할 경우, 농민집체 주체는 쟁의 토지가 농민 집체소유의 토지임을 증명하여야 하고, 만약 이를 증명하지 못하면, 해당 쟁의 토지는 국가소유의 토지로 귀속된다고 밝히고 있다.

개혁개방 후 제정된 이러한 법률은 집체토지를 소유하던 농민들이 개혁개방 이후 도시로 대거 이동하게 되면서 나타나게 되는 휴면(休眠) 토지에 관한 소유권을 국가에게 다시 귀속시키기 위한 명확한 법률 근거가 된다.

2. 농민집체토지소유권

가. 농민집체토지소유권의 개념

중국의 토지사회주의 공유제에서 집체토지소유권은 국가토지소유권과 동일한 가치를 지닌 중국 토지소유 방식으로, 농민집체토지를 소유한 집체 구성원은 해당 토지에 대한 독점적 지배권리(支配權利)를 갖고 이를 향유할 수 있으며, 타인으로부터 어떠한 간섭도 받지 않는 민사 권리를 갖는다.

농민집체의 구성원은 법이 정한 범위 내에서 농민집체가 소유하고 있는 토지에 대한 점용(占用), 사용(使用), 수익(收益), 처분 등의 권리를 갖는다.

나. 농민집체토지소유권 특징

(1) 소유권 주체의 특수성

중국 민법통칙 제74조는 집체토지 소유권을 그 주체에 따라 촌농민(村農民)집체, 향진농민(鄕鎮農民)집체, 촌내 다수의 농민집체로 분리하여 소유권 행사를 구분하고 있다.

즉, △촌농민집체소유(村農民集體所有)의 토지는 촌집체경제조직(村集體經濟組織) 또는 촌민위원회 대표집체(村民委員會代表集體)에서, 향진(鄕鎮)농민집체소유의 토지는 향진집체경제조직 또는 촌민소조대표집체(村民小組代表集體)에서, △두 개 이상 다수의 농민집체가 분할 소유하고 있는 경우에는 촌내 각 집체경제조직(集體經濟組織) 또는 촌민소조대표집체(村民小組代表集體)에서 그 소유권을 행사(行使)할 수 있도록 명확히 구분하고 있어 집체토지 소유권의 주체를 반드시 집체구성원으로 제한하고 있다.

중국 물권법(物權法) 제59조는 농민집체(農民集體) 소유의 부동산과 동산을 집체에 속한 집체 구성원의 소유로 명시하고, 농민집체 토지의 소유권자를 집체의 구성원으로 제한하고 있으며, 물권법 제60조는 집체소유 하고 있는 토지와 산림, 산령(山嶺), 초원, 황무지. 개척지 등에 대한 소유권 행사를 시행함에 있어 집체토지소유의 주체가 소유권을 직접 행사할 수 있도록 하고 있다.

이와 같이 집체토지에 관한 소유권의 주체는 집체에 속한 지역주민만으로 절대적으로 제한하고 있어, 집체를 벗어나서는 그 누구도 집체토지를 소유할 수 없는 소유 주체의 특수성을 갖는다.

(2) 농업 외 목적 사용의 금지와 제한성

집체토지는 농민의 농촌생활 안정과 국가 농업의 안정적 경영을 목적으로 국가로부터 농민이 부여받은 토지이다. 따라서 집체토지의 활용은 반드시 농민과 국가 농업의 안정을 전제로 하고 있으며, 항구적 경작(耕作)과 농업의 안정을 위해 토지 매매는 금지되어 있다.

단, 농업과 농민의 안정을 목적으로 할 경우에는 정부의 별도 허가를 받아, 그 범위 내에서의 토지 활용이 가능하다.

예를 들어, 집체토지(集體土地) 내에는 매 농가구에게 거주 목적의 1주택 건축을 허용하고 있으며, 이를 택기지(宅基地)라 한다. 집체구성 가구의 택기지에서 영구적으로 거주할 수 있으나, 매매는 물론 거주 이외의 사용은 금지되어 있다.

반면, 집체토지를 이용한 집체건설용지사용권(集體建設用地使用權), 농촌토지도급경영권(농촌토지승포경영권-農村土地承包經營權) 등은 농업과 농민의 안정을 전제로 일정한 절차와 조건에 따라 정부는 제한적 사용을 허용하고 있어, 농민들의 허가 범위 내 경제적 활동을 할 수 있다.

이렇듯 집체토지의 소유권은 집체토지 구성원으로 한정되어 있으나, 집체토지의 매매는 금지(禁止)되어 있고, 토지의 활용은 사용목적에 따라 정부의 허가를 받아 활용해야 하는 제한을(制限) 갖고 있어 금지성(禁止)와 제한성(制限性)을 갖는다

(3) 집체토지 사용의 한정성

집체토지는 경지(耕地)와 기타 농업 용지의 보호와 강화를 목적으로 하고 있어 농업 생산 목적으로만 사용이 제한되어 있다.

단, 일정한 심사를 거쳐 집체 구성원의 거주 주택 건설, 향진기업(鄕鎭企業), 공공의 이익을 위한 인프라 확대 등에는 집체 건설 용지의 사용이 활용되고 있다.

그러나 이는 공공의 목적과 농촌의 안정을 위한 선택적 허가이기 때문에 상업 아파트, 상가 등과 같이 직접적인 부동산 개발을 위한 건설용지의 사용은 엄격히 금하고 있다.

따라서 집체토지 사용권의 사용 범위는 사용목적에 따른 한정성(限定性)을 갖는다.

(4) 소유권의 이전의 일방성

집체토지 소유권은 국가가 공공의 목적을 위해 수용(收用)하고 그 소유권을 국가소유로 귀속시킬 수 있다.

반면 국가소유의 토지는 어떠한 경우에도 집체소유로 전환될

수 없기 때문에 집체 토지소유권은 시간이 흐름에 따라 오직 감소할 뿐 증가할 수 없다.

따라서 국가소유와 집체소유의 토지 증감(增減) 여부는 상호 상반되는 성격을 보이며, 소유권 이전의 관점에서 집체토지는 증가없이 감소되는 일방성(一方性)을 갖는다.

다. 농민 집체토지소유권의 범위

1982년 12월 4일 제5기 전국인민대표대회 제5차 회의에서는 중국 헌법 제10조에 '법률에 따라 농촌과 도시외곽의 토지는 국가소유 토지와 집체소유의 토지에 속하며, 택기지(宅基地), 자류지(自留地), 자류산(自留山) 등은 집체소유에 속한다.'고 내용을 명시하였다.

헌법이 보농촌 주민들의 거주 안정을 보장하기 위한 것이며, 자류지와 자류산은 이곳에서 발생한 수익을 개인이 취득할 수 있도록 보장한 것인 바, 자류지와 자류산은 집체토지를 통한 농민의 경영권 보장 강화로 평가 된다.

(1) 택기지(宅基地)

택기지는 집체조직이 집체토지의 일정 부분을 선택하여 집체 구성원인 농민에게 무기한으로 점유, 사용할 수 있도록 한 거주 목적의 주택이다. 농민 개인은 택기지를 거주 목적으로 사용하고 영구적인 거주의 안정을 보장받을 수 있다.

그러나 토지의 소유는 개인이 아닌 집체가 갖고 있어 매매는 물론 임대, 저당 및 여타 방식의 교역이 불가하다.

(2) 자류지(自留地)

자류지는 과거 농업 생산 합작사 시기, 합작사사원(合作社社員)의 일상 생활을 위해 합작사가 사원에게 분배한 소량의 토지를 말한다.

자류지는 이를 할애 받은 각 가정이 텃밭과 같이 사용할 수가 있기 때문에 채소 등 농작물의 개인 재배가 가능하다. 따라서 자류지에서 생산되는 농산물의 수익은 합자사 소속의 사원(社員) 개인이 취득할 수 있지만, 소유권은 여전히 집체토지소유에 있어 매매 등이 금지되어 있다.

(3) 자류산(自留山)

자류산은 농업집체화 이후 집체조직이 집체소유의 산(山) 중에서 일부를 선별적으로 선택하여 사원(社員)에게 장기간 사용할 수 있도록 한 소량의 미개간 황폐한 산을 말한다. 자류지와 마찬가지로 자류산에서 발생하는 수익은 사원의 소유가 되나, 자류지의 소유권은 집체소유에 귀속되어 있다.

3. 농민집체토지소유권의 사권(私權) 속성과 보호

가. 농민집체토지소유권의 사권 속성

농민집체토지소유권은 중국이 사회주의 토지 공유제의 실현을 위해 시행하고 있는 토지소유권 권리 방식의 사권(私權)(private rights) 영역으로 물권(物權)의 범위에서는 소유권에 속한다.

중국 농민토지집체소유는 농촌에 거주하는 농민을 각 단위별 집체(集體)로 조직하고, 그 집체의 구성원이 특정지역의 일정한 토지를 공동소유(共同所有)하는 형식이기 때문에 해당 집체(集體)에 속하는 모든 구성원은 집체 토지소유권을 갖고 이에 대한 소유권을 공동 향유할 수 있다.

집체토지의 사용권에 관해 중국 물권법(物權法) 제59조는 △집체 이외의 구성원에게 토지 도급의 허용 여부를 결정하는 경우, △도급지를 조정하여야 하는 경우, △토지보상비의 분배에 관해 구성원간의 합의가 필요한 경우, △집체출자(集體出資) 기업의 소유권이 변동되는 경우 등과 같이 집체 토지의 처분에 관한 결정이 필요할 경우에는 국가의 의사와 관계없이 법적인 절차에 따라 집체 구성원이 자체적으로 그 사용권을 결정할 수 있도록 하고 있기 때문에 공유제 토지제도 하에서 집체의 합의를 통한 소유권의 사권 범위를 인정하고 있다고 할 수 있다.

그러나 집체토지는 처분과 소유기간에 있어 사권의 제한을 받고 있다.

(1) 처분권 결정의 제한

집체토지에 관한 사용, 관리, 수익 등에 관한 처분은 전체 해당 구성원의 민주적 방식을 통해 결정이 가능하고, 의사 결정에 있어 표결에 의한 처분이 필요할 경우에는 매인(每人)이 각 한 표의 표결권(表决權)을 갖고 집행하는 보통선거를 채택한다.

표결을 통해서 집체토지의 소유권을 처분할 수 있기 때문에 사권의 제한을 받는다.

(2) 소유기간의 제한

국가 소유 토지가 항구적인 국가 소유의 특징을 보이는 것과는 달리 집체토지에 관한 소유 기간은 집체에 속하는 구성원의 출생, 출가, 거주지 이전 등의 상황에 따라 변경된다.

즉, 집체소유토지는 집체 구성원이 집체를 벗어날 경우에는 집체소유에 대한 소유권을 상실하고, 토지 분할을 요구할 수 없기 때문에 공동체 범위 안에서의 사권으로 한정하고 있다고 할 수 있다

나. 농민집체토지소유권의 사권 보호 및 보장

개혁개방 이후 도시에 비해 상대적으로 완만한 경제 발전을 나타내고 있는 농촌에서는 농촌의 경제 발전을 위한 변혁을

필요로 하여 집체토지소유권을 경제발전 요소로 포함하기 위한 변화를 요구하고 있다. 더 나아가 일부 학계에서는 집체토지소유권의 국유화 또는 이와 상반되는 사유화를 주장하기도 한다.

그러나 중국 정부는 중국 건국 후 지금까지 집체토지가 농촌과 농민의 안정에 큰 공헌을 하고 있다고 평가하고 있는 바, 소유 원칙은 유지하면서 이에 대한 보완책으로 집체토지의 사용권을 개선한 농민의 안정과 농민의 토지 권리 보호를 시행하고 있다.

이에 따라 법에 따른 집체토지의 시장 진입은 여전히 금지 및 제한되어 있으나, 사용권에 관한 집체토지의 실질적 교역과 시장 진입은 점차 확대하고 있는 정책을 추진 중이기 때문에 농촌 토지의 토지도급권, 임대권, 개인재배, 건축물 건설 등의 형식을 통한 농민들의 사용권에 관한 처분은 점차 확대되어 가고 있다.

또한, 물권법은 집체토지소유권을 본 집체 구성원의 전부(집체)가 소유하고 있다고 밝혀, 농민의 지위 보호와 농업 생산자원의 발전을 제고하고 있으며, 국가에 의한 토지 수용도 엄격히 관리하고 있다. 더불어 절차를 통해 소유권을 행사(行使) 하도록 제한하고 있어, 공권력의 개입을 통한 농민집체 토지의 토지소유권 변동도 최소화 하고 있다.

제4장

토지타물권(土地他物權)

1. 토지타물권의 개념과 종류

가. 타물권의 개념

물권(物權)은 권리인(權利人)이 특정한 물(物)을 지배할 수 있는 배타적 권리로 물(物)에 대한 지배 형태에 따라 자물권(自物權)과 타물권(他物權)으로 나뉜다.

자물권은 자신이 소유하고 있는 물(物)에 대해 그 권리인이 타인의 간섭을 받지 아니하고 점유, 사용, 수익 및 처분을 할 수 있는 권리로 직접적이고 완전한 소유권을 말한다. 반면, 타물권은 타인이 소유하고 있는 물(物) 위에 해당 당사자가 법률과 물(物) 소유인과의 계약 내용에 따른 권리를 설정하고, 권리를 설정한 권리인이 타인 소유의 물(物)에 대한 권리를 제한적으로 행사하는 불완전 지배권리(支配權利)를 말한다.

나. 타물권의 종류

중국 토지제도는 토지 소유의 주체를 국가와 집체로 제한하고 있기 때문에 토지에 대한 사용권을 통해 토지타물권을 행사할 수 있으며, 물권법, 토지관리법 등에 따라 제3자가 국가토지 및 집체토지를 사용할 수 있는 권리를 토지타물권이라 한다.

물권법(物權法), 토지관리법을 근간으로 하고 있는 토지타물권에는 △건설용지사용권(建設用地使用權), △토지도급경영권((土地都給經營權)-토지승포경영권(土地承包經營權)), △택기지사용권(宅基地使用權), △지역권(地役權), △토지저당권((土地抵當權-토지저압권(土地低押權)) 등이 있다.

2. 건설용지사용권

가. 개념

건설용지사용권(建設用地使用權)이란 타인이 소유하고 있는 토지 위에 건축물을 건축하고, 타인의 지상물(地上物)을 경영·사용하는 권리를 말하는 것으로, 토지타물권(他物權) 중 가장 범위가 크고 중요한 토지 재산권 중 하나이다.

중국 물권법 제135조는 '건설용지사용권인(建設用地使用權人, 건설용지사용군 사용자)은 국가 소유의 토지에 대한 점유,

사용, 및 수익의 권리를 누릴 수 있고, 그 토지상에 건축물, 구축물 및 기타 부속시설을 세울 수 있는 권리를 갖는다'고 정하고 있다.

나. 특징

(1) 등기를 통한 권리 보호

건설용지사용권의 권리는 관계기관에 등기를 하고, 건설용지사용증서를 발급 받음으로서, 그 권리를 인정받으며, 반대로 등기가 취소되면 권리는 동시에 소멸된다.

이와 관련 물권법 제139조는 '건설용지사용권의 설립은 등기관계기관에 건설용지사용권을 등기함으로서 성립되고, 등기기관은 정한 바에 따라 건설용지사용권인에게 건설용지사용권증서(建設用地使用權證書)를 발급하여야 한다.'고 정하고 있다.

이는 사용권의 권리를 등기 방법을 통해 유일하게 인정하고 있는 것으로, 만약 피치 못할 상황이 발생하여 등기가 이루어지지 않았다고 하더라도, 이유와 관계없이 등기가 되어 있지 않은 경우에는 그 권리를 보호받을 수 없다. 아울러 등기가 취소될 경우에는 등기 취소와 함께 권리는 자동 소멸되며, 등기기관에 건설용지사용권증서를 반납하여야할 의무를 갖는다.

(2) 배타권의 보유

지정된 토지의 건설용지 사용에 관해 권리를 허가받은 건설용지사용권인(建設用地使用權人)은 건설용지에 대한 실질적인 관리와 지배의 점유권을 갖는다.

허가받은 건설용지의 범위는 용도에 근거한 개발 이용의 사용권(使用權)을 갖고, 양도. 상호교환, 주식투자, 증여, 저당, 임대 등의 방식을 통해 토지에서 발생하는 이익과 권리를 획득할 수 있는 수익권(受益權)을 갖는다.

이와 동시에 건설용지사용권인은 해당 토지에 관해 점유, 사용, 수익 등의 적극적인 권리를 향유할 수 있으며, 타인으로부터 불법적인 간섭을 받지 않는 배타권(排他權)을 누릴 수 있다.

3. 토지도급경영권

가. 개념

토지도급경영권(土地承包經營權, 토지승포경영권)은 집체토지 소유권을 갖고 있는 구성원들 간의 합의를 통해 집체 구성원 또는 구성원 외의 기업에게 농촌집체 소유의 토지에 대한 도급을 맡겨 농촌 토지를 경영하는 농촌집체토지의 사용권에 관한 방식으로, 집체 토지 소유인은 일정한 형식으로 토지의 운영에 참여할 수 있다.

토지도급경영권은 1970년대 개혁개방 초기 시작된 가정연산승포책임제(家庭聯産承包責任制)를 모태로 하고 있으며, 이후 농지 사용에 관한 여러 단계의 변화를 거쳐 토지관리법(土地管理法), 농촌토지도급법(농촌토지승포법-農村土地承包法), 물권법(物權法) 등의 법률에 따라 토지도급경영권 제도가 시행되고 있다.

용어정의

가정연산승포책임제(家庭聯産承包責任制)

- 1978년 11월 24일 안후이성(安徽省) 펑양현(鳳陽縣) 펑리공사(鳳梨公社) 샤오강촌(小崗村)의 구성원 18명이 함께 모여 집체토지의 토지활용 방안에 관한 회의를 갖는다.

- 회의는 △인민공사(人民公社)를 중심으로 집단 경영되던 농지를 호별(戶別)로 나누어 개인이 경영하고, △제도의 행함을 비밀로 하며, △만약 여기에 포함된 사원(社員)이 형사 처벌을 받게 되면, 그 자녀를 18세까지 부양한다고 하는 내용을 포함하고 있는 바, 이는 새로운 농지 경영방식과 이에 대한 반정부적 성격을 띠고 있는 불법 행위에 대한 사후 대책을 논한 것이다.

- 회의에서 가장 중요한 내용은 농지를 호별(戶別)로 나눈다고 하는 것으로, 그 의미는 지금까지 집단 경영되고 있던 토지를 각 가정별로 분리하여, 각자의 책임 하에 농지를 경영하고, 농업에 필요한 비용은 적립을 통해 공동 부담하며, 세금을 제외한 모든 잉여금액은 개인이 사유화 할 수 있도록 한다는 의미였다.

- 일 년 후 1979년 10월 샤오강촌이 생산한 미곡 생산량은 66톤으로 이는 1966년부터 1970년까지 생산된 5년간의 생산량에 해당되는 것이었다.

이렇게 시작된 가정연산승포책임제는 1980년 5월 31일 농업부분 국무회의에서 덩샤오핑(鄧小平)이 샤오강촌(小崗村)의 발전 방식을 언급하면서 최초의 정부 지지를 받게 되었고, 1981년 중국정부는 헌법을 수정하여 인민공사제도를 폐기하고 가정연산승포책임제를 공식적으로 시행하여 현재에 이르게 된다.

▸ 동 제도는 집체소유의 토지소유권과 개인 경영의 토지 사용권이 합쳐진 새로운 농업 경작 발전 방식으로 중국 사회주의 공유제의 실행을 위한 새로운 형태의 농업 생산제도로 평가된다.

나. 농촌토지도급경영권의 기본 내용

토지도급경영권은 집체가 소유하고 있거나, 집체가 장기간 사용한 국가소유의 토지를 도급업자(contractor)가 법률규정 및 소유주체와 체결한 도급 계약 내용에 따라 점유, 사용하여 농작물을 재배하거나 임업. 목축업 등의 농업 생산을 할 수 있는 권리를 말한다.

토지도급(토지승포)에는 가정연산도급과 기타 방식의 도급(승포)이 있다. 가정연산도급은 국가 규정에 의해 농촌 지역 주민들이 형성한 집체 내에서 호(戶)를 단위로 도급을 시행하는 것으로 경지(耕地)도급, 임지, 토지 등을 적당한 가정이 도급하는 것이다.

기타 도급제는 가정을 단위로 하지 않고, 입찰 등의 방식을 통해 도급을 진행하는 것으로, 주로 황무지 개간 토지 등을 중심으로 기업에 의해 도급을 시행한다.

가정연산도급제의 토지도급경영권은 최소 30년간 보장하고 있어 도급의 안정성을 보장하고 있기 때문에 발주자 또한 도급지를 정해진 기간동안 회수할 수 없고, 법률이 정하는 특별한 경우를 제외하고는 도급 기간 내에는 도급지를 조정할 수 없다.

토지도급경영권은 법이 정한 바에 따라, 양도, 주식, 임대가 가능하고. 상속도 가능하다. 가정도급은 평등, 자원(自願), 민주, 합법의 원칙을 따르고, 도급자가 본 집체조직의 구성원일 수 있다(동일의 조건일 경우 집체 구성원의 우선 도급권을 갖는다).

도급을 맡을 수 있는 조직은 본 집체조직 이외에 별도의 법인이나 개인이 할 수 있으나, 절차에 따라야 하며, 절차는 먼저 집체구성원의 촌민회의를 개최하여 여기서 3분의 2 이상의 구성원 또는 3분의 2 이상의 동의를 받은 후 향(鄕), 진(鎭)인민정부의 비준을 받아야 한다.

당사자는 도급기간 도급비, 계약내용에 관한 이행의 의무를 지며, 도급 기간내 당사자들은 계약의 내용에 관해 협의을 통해 변경할 수 있다.

4. 택기지사용권(宅基地使用權)

택기지(宅基地)는 농촌 주민들의 거주안정을 위해 농촌 집체 소유의 토지위에 건설된 농민 주택 용지를 말한다.

택기지는 신중국 건국 이후 농촌의 토지 공유화 과정인 농업 합작사(農業合作社)를 건설하는 과정에서 농민의 사유 주택과 점유한 토지를 보호하는 과정에서 생겨나게 되었다.

그러나 택기지의 소유권은 여전히 집체조직에 귀속되어 있기 때문에 사용권리인의 토지 매매는 집체 구성원 내에서만 가능하고, 도시 주민들에게는 판매할 수 없다.

또한 집체토지에 거주하고 있는 주민이 택기지를 건설하고자 할 경우에는 관련 기관의 심사를 거쳐 거주 주택을 건설할 수 있다.

5. 지역권(地役權)

지역권이란 토지소유인, 건설용지사용권인, 토지도급권리인, 토지상의 권리인 등 토지에 대한 권리를 갖고 있는 사람이 자신의 편익 또는 토지 가치의 제고를 위해 일정한 약정에 따라 타인의 토지를 사용하는 토지 권리로 부동산의 용익 물권에 해당한다.

물권법 제156조는 지역권에 관한 권리는 계약의 약정한 내용에 따라 타인의 부동산 권리를 이용하는 것으로, 이를 통해 자신의 부동산 이익을 제고할 수 있다고 정하고 있다.

6. 토지저압권(土地抵押權)

저압권(抵押權)(저당권)이란 채무자가 채무의 이행을 위해 특정 목적물을 담보목적물로 지정하고, 목적물의 점유는 채무인이 계속 유지하면서 이를 근거로 채권자와 채무 관계를 맺은 후 당사자 간에 약정한 내용을 벗어나 변제가 이루어지지 않을 경우 채권인이 이를 우선적으로 청산할 수 있는 권리로 토지 분야에서는 부동산을 담보목적물로 지정한 저당권을 말한다.

단, 중국에서는 토지소유권에 관한 매매가 금지되어 있기 때문에 저압의 주체는 사용권으로 한정되며, 건설용지 사용권, 택기지 사용권, 토지도급 경영권 등에 토지저압권(저당권)이 형성될 수 있다.

CHAPTER

2

법률 적용편

(매매 분규에 따른 사례별 법률 해석)

제1장

아파트 방옥소유권증서(房屋所有權證書, 부동산권리증)가 없는 아파트 매매계약의 유효 여부

1. 내용 전개

건설 중인 아파트의 매매계약

중국에서 회사 생활을 하고 있는 지민박은 떠오르는 중국 시대를 대비하기 위해서는 영구적인 거점이 있어야 된다고 생각하고 아버지의 도움을 받아 중국 선양에 아파트 한 채를 구입했습니다.

그리고 절차에 따라 아파트 부동산 권리증, 즉 방옥소유권증서(房屋所有權證書) 수속을 시작하였는데, 갑자기 한국에서 사업하시는 아버지가 현금이 필요하다고 하여, 아파트를 다시 매각하기로 하였습니다.

그러던 중 평소 잘 알고 지내던 우상모가 나타나 가격을 잘

쳐주겠다며 아파트 구입 의사를 밝혔고, 지민박은 원래의 구입 가격 보다 조금 더 높은 금액을 받기로 하고 우상모와 계약서를 체결하였고, 선금을 받았습니다.

재매매 계약의 불이행

그런데, 갑자기 선양 지역의 아파트 가격이 오르기 시작하더니, 더 오를 것이라고 하는 전문가들의 평가가 흘러나오기 시작했습니다.

전문가들의 판단을 감안하여, 아파트 가격이 더 상승 할 것이라고 판단한 지민박은 아직 재산권에 관한 증명서류 (산권, 産權), 즉 부동산 등기증이 발급되지 않았기 때문에 우상모와의 매매 계약은 무효이며, 매매 계약시 우상모에게 받은 계약금만을 돌려주고 계약을 무효 처리 하겠다고 주장하고 있습니다.

관계 법률 조항

▸ 도시방지산관리법 제38조

○ (주택 매매가 불가한 경우) 아래의 방지산은 매매(轉讓, 전양)할 수 없다.

1. 출양(出讓) 방식으로 취득한 토지의 사용권이 도시방지산관리법 제36조의 규정에 부합되지 않을 경우
2. 법에 근거하여 사법기관 및 행정기관에 재정(裁定), 차압 봉인 결정이 되어있거나, 기타 형식으로 방지산의 권리가 제한되어 있는 경우

3. 법에 의해 토지사용권이 회수된 방지산

4. 여러 명 소유의 공유(공동소유) 방지산(부동산) 중 공유 소유인들의 서면 동의를 취득하지 못한 경우

5. 소유권에 관해 분쟁이 진행 중인 방지산(부동산)

6. 법적 등기가 되어 있지 않아 토지소유권에 관한 증서를 취득하지 못한 경우

7. 법률 및 행정 법규에 의해 전양(매매)이 금지되어 있는 경우

▸ **도시방지산관리법 제39조**

○ (출양의 조건) 출양 방식으로 취득한 토지사용권의 방지산을 출양할 경우에는 아래의 조건에 부합되어야 한다.

1. (건물 완공 후 토지사용권이 있는 경우) 출양 계약 시점 기준, 토지사용권 출양금 전액의 지불이 완료되어 있어야 하며, 토지사용권증서의 취득이 이미 마쳐진 경우

2. (건물 건설이 진행 중인 경우) 출양 계약 약정에 근거하여 투자개발을 진행 중인 방옥의 건설 공정이 개발투자총액의 25% 이상 완성되어야 하고, 개발 중인 토지가 공업용지 또는 기타 건설 용지로서의 사용을 위한 조건을 이미 마친 경우

이미 방옥의 건설이 완공된 방지산을 양도(轉讓, 전양)할 경우에는 마땅히 방옥소유권증서를 소지하고 있어야 한다.

▸ **물권법 제15조**

○ (계약 효력의 시작) 부동산 물권의 계약에 관해 해당 당사자 간의 체결한 설립, 변경, 전양과 소멸 등의 계약은 법률이 정하거나 또는 별도의 계약에 의한 약정이 있는 경우를 제외하고는 계약 성립으로부터 계약에 관한 효력이 발생한다.

2. 질문 요약

아직 재산권 등기가 완료되지 않아 부동산 등기 권리증(방옥소유권증서)을 수속 중에 있는 데, 이 경우 이미 아파트 계약을 체결한 양측의 매매 계약은 모두 무효가 되는 건가요?

3. 법리적 접근 – 박 박사님 답변

➤ 계약의 효력 시점에 관하여

중국 도시방지산관리법(城市房地産管理法, 성시방지산관리법) 제38조에 따르면, 부동산 소유권에 관한 등기 절차를 진행하지 아니하여, 소유권(産權) 증서가 미 발급된 부동산은 타인에게 양도(전양,轉讓)할 수 없는 바, 이는 부동산 매매의 안정을 위한 가장 기본적 법률의 적용이라 할 것입니다.

그러나 동 사례는 소유권 등기 수속을 진행하고 있는 부동산을 매매하는 과정 중 발생한 분규로 아파트 매매의 가능 여부가 아니라 양측이 체결한 계약 여부의 성립 여부가 가장 핵심적인 문제라 할 수 있을 것입니다. 따라서 매매 가능 여부와 계약 성립 여부로 나누어 살펴보도록 하겠습니다.

중국 물권법(物權法) 제15조는 해당 당사자 간의 체결한 설립, 변경, 임대, 소멸 등 부동산 물권에 관련한 계약은 양측의 특별한 약정(約定) 내용이 없을 경우 계약이 성립된 시기부터 법률적 효력이 발생하도록 명시하고 있습니다.

즉, 부동산 등기여부와 관계없이 계약 당사자 간 지극히 상식적인 범위내에서 계약이 체결 되었고. 계약 과정 중 상호간에 오해가 발생할 수 있는 요소들이 없었다면, 이는 양측 모두에게 계약 및 계약 실행의 진실 된 의지가 있었다고 여겨지는 것입니다.

따라서, 지민박과 우상모 양자 간의 매매 계약은 유효하며, 우상모가 계약 파기를 하고자 할 경우 우상모는 지민박에게 계약시 받았던 계약금뿐만 아니라 위약금을 함께 지불해야 합니다.

재산권 등기(산권(産權))에 관하여

부동산등기증(**産權證, 산권증**)이 없는 아파트를 구입한 구매자는 아파트 처분권에 대한 법적 보장이 없기 때문에 해당 아파트의 소유권 변경 등기 수속은 물론 처분에 관해서도 법적 보호를 받을 수 없습니다.

이러한 경우처럼 부동산등기증이 발행되기 전에 아파트 가격의 변동으로 매매가 진행되었다면, 양측의 분쟁 가능성은 커질 수밖에 없으며, 심지어 주택 구매 계약을 체결한 구매 예정자가 또 다른 가격으로 제3자에게 판매를 시도하는 경우도 발생할 수 있습니다.

만약 이런 경우가 발생 한다면, 이는 아파트 소유권에 관한 분쟁은 물론 매매과정 중 더 많은 분쟁이 발생할 가능성이 크기 때문에 부동산등기증(産權證)이 없는 아파트의 매매 거래에는 매도자와 구매자 모두에게 큰 위험이 존재하고 있다고 할 수 있습니다.

따라서 부동산등기증(産權證)이 없는 부동산의 구매는 신중하게 시행하여야 하며, 매매 계약시 별도의 위약금 청구에 관한 내용을 명확히 하여야 할 것입니다.

4. 중국 부동산용어 해설

▸ **방옥(房屋)**

- 집, 가옥, house의 의미로 아파트 매매시 건축물의 공간적 의미

▸ **산권(産權)**

- 우리의 부동산 재산권에 해당
- 아파트 매매시 산권이라 함은 방옥산권(房屋産權)을 의미하는 것으로, 아파트 소유자는 국가 법률이 정한 권리에 따라 그 재산권을 행사 할 수 있음.
- 즉 방옥소유권자는 방옥재산권의 점용, 사용, 수익, 처분의 권리를 함께 포함하고 있으며, 방옥산권은 방옥소유권과(房屋所有權) 토지사용권(土地使用權)으로 구분됨.
- 이 경우 한국 부동산권과 가장 큰 차이는 방옥소유권(즉 아파트 건물의 공간에 관한 소유권)의 기한은 영구하지만, 토지사용권은 일반적으로

70년으로 제한되어 있음.

- 토지사용권의 만료시에는 만료 전에 이와 관련한 세금(토지사용권출양금)을 지불하고 사용권을 연장할 수 있음.

▸ **산권증(産權證)**

- 우리의 부동산권리증에 해당
- 아파트 매매시 사용되는 산권증의 의미는 방지산산권증(房地產產權證)을 의미하는 것으로, 산권증은 도시의 경우 시정부(市政府) 부동산 주관부서에서 부동산 소유자의 기본 정보와 소유한 부동산의 기본 정보를 포함하고 있음.
- 중국은 국가방옥소유권등기발증제도(國家房屋所有權發證制度)에 따라, 산권증의 발급 여부에 따라 방옥의 소유 여부를 판단함.

▸ **방지산(房地産)**

- 방산은 방산(房産)과 지산(地産)의 총칭으로, 아파트 매매와 관련하여서는 우리의 부동산과 동일한 의미
- 방산(房産)은 토지상에 건축된 건물에 대한 의미로 방옥, 주택, 상업용 건물 등이 해당하며, 지산(地産)은 토지 및 토지 상하의 기초 설비, 지면도로 등을 의미함. 이를 총칭하여 토지관련 법령은 방지산이라고 함.

▸ **전랑(轉讓)**

- 우리의 양도에 해당하며, 아파트 매매와 관련은 전랑은 방지산의 전랑을 의미하는 것으로, 합법적으로 소유하고 있는 토지 사용권 및 토지상의 건축물을 매매, 교환 증여 등의 방식으로 방지산의 권리를 타인에게 이전하는 법률적 행위를 말함.

제2장

건축회사의 부도로 인해 아파트 방옥소유권증서(房屋所有權證書, 부동산권리증) 취득이 불가한 아파트를 매매하기 위해 매매자간 작성한 계약서의 효력 여부

1. 내용 전개

부동산권리증 등기 전 아파트의 매매 계약

우상모는 S사가 건축한 **상품방**(**商品房**, 매매가 가능한 아파트)을 분양받아 아파트 매매에 관한 계약을 하고, 잔금은 대출을 통해 개발상(開發商)에게 금액을 지불하기로 하였습니다.

이후 우상모는 8개월 정도의 시간이 지나 입주 수속을 시작했습니다. 그러나 어차피 선양에 혼자 거주하고 있었기 때문에 마음도 급하지 않았고, 거주할 다른 집도 있고 해서 실제로 입주는 하지 않은 상태였습니다.

그런데 우상모가 S사와 계약을 한지 1년 쯤 지나 중국 아파트

가 오를 것으로 예상한 지민박이 찾아와 우상모의 집을 사겠다고 하였습니다. 대출금에 대한 부담도 있고, 지금 팔아도 분양가보다 이익을 볼 수 있다고 생각한 우상모는 집을 판매하기로 하였습니다.

우상모와 지민박은 중개회사인 경태부동산의 중개 아래 3자(우상모, 지민박, 경태부동산)가 협의를 마치고, 방옥교역거간합동(房屋交易居間合同, 아파트 매매 계약서)을 작성하였고, 지민박은 100만 위안에 아파트를 구매하기로 하였으며, 우상모에게 선금 40만 위안을 지불했습니다.

계약 후 우상모는 개발상으로부터 방산증(房産證) 수속을 마치고 다시 빠른 시일내에 지민박에게 방산증 소유권 이전 수속을 하기로 하였습니다.

건설사의 부도로 불가능해진 등기

그런데 그 사이 아파트 개발상인 S사가 부도가 나서 끝내 파산을 하였고, 더 나아가 S사 관계자가 모두 선양을 떠나 연락이 두절된 것입니다.

고의로 행한 일은 아니었으나, 이제 우상모 뿐 아니라 S사에서 아파트를 구입한 전원은 아파트 방산증 등기를 할 수 없게 되었고, 등기가 불가능 하니 당연히 방옥소유권증도 취득 할 수 없게 되었습니다.

이리하여, 우상모가 빨리 방산증을 처리할 것이라고 믿었던 지민박은 마침내 우상모와 경태부동산과 함께 체결한 방옥교역 거간계약은 모두 무효라고 주장을 했고, 이와 관련한 전액의 반환을 요청하였습니다.

관계 법률 조항

▸ **도시방지산관리법 제37조**

○ (방지산 전양의(轉讓) 정의) 방지산 전양(轉讓, 전양)이란 방지산의 권리를 갖고 있는 사람이 매매, 증여 및 기타 합법방식의 방법을 통해 방지산의 권리를 타인에게 넘기는(轉移) 행위이다.

▸ **물권법 제15조**

○ (계약 효력의 시작) 부동산 물권의 계약에 관해 해당 당사자 간의 체결한 설립, 변경, 전양과 소멸 등의 계약은 법률이 정하거나 또는 별도의 계약에 의한 약정이 있는 경우를 제외하고는 계약 성립으로부터 계약에 관한 효력이 발생한다.

2. 질문 요약

등기증을 신청할 수 없는 아파트 계약의 금액 반환 요구

방산증을 취득하지 못한 집주인과 매매 계약을 하였습니다.

그러나 시공회사의 예상치 못한 갑작스런 부도로 인해 판매자가 방산증(부동산 등기증) 수속을 더 이상 진행할 수 없게 되었습니다. 시공회사의 부도 전에 판매자와 작성한 매매계약을 취소하고 계약서 체결시 지불한 선금 및 중개소에 지불한 금액 전액을 반환받고자 합니다. 받을 수 있을까요?

3. 법리적 접근 – 박 박사님의 답변

계약 유효여부에 관하여

개발상의 파산이 최종 구매자 지민박에게 방옥소유권증의 취득에 영향을 주는지가 매우 중요합니다. 본 안에서는 지민박이 최종적으로 방옥소유권증을 취득할 수 없다고 판단이 됩니다.

즉, 고의성 여부와 관계없이 어떠한 방법으로도 계약의 목적을 실현 시킬 수 없게 되었습니다.

토지관리법상에서의 방지산 매매(轉讓, 전양)는 방지산의 권리를 합법적 방식으로 타인에게 넘기는 것을 전제로 하고 있기 때문에, 우상모와 지민박간의 계약은 토지와 관련된 권리를 합법적으로 이전하는 방식에서 어긋나는 것으로 판단됩니다.

즉, 본 매매 계약은 합법적 형식을 통해 방지산의 권리를 타인에게 이전한 것이 아니기 때문에 계약은 무효입니다.

한편, 지민박 뿐 아니라 우상모도 큰 어려움에 처하게 되는데요. 방지산 개발 회사가 없어 졌기 때문에 지민박에게 아파트를 판매한 우상모도 최종적으로는 방옥소유권증을 취득할 방법이 없습니다. 이 경우 우상모는 S사를 상대로 매매 계약 무효 절차를 진행하여야 합니다.

우상모와 지민박 간의 계약은 무효이며 우상모는 지민박에게 거래 중 발생한 별도의 금액 및 교역 거래 금액 전액을 반환하여야 합니다.

재산권 등기(산권(産權)에 관하여)

중국은 토지등기제도(土地登記制度)를 통해 토지 권리인의 합법적 권익을 보호하고 있습니다.

따라서 어떠한 이유로든 등기가 완성되지 않아 방옥소유권증이 발급되지 않은 아파트를 매매 하여야 할 경우에는 여러 위험 요소가 내재되어 있음을 알아야 하며, 방옥소유권증이 발급될 때 까지는 매매 거래를 하지 않는 것이 가장 좋습니다.

4. 중국 부동산용어 해설

▸ **계약법(합동법, 合同法)**

- 합동은 쌍방간의 계약으로 합동법은 계약법에 해당
- 중국 민사법의 중요한 구성 법률로 평등주체간의 교역 관계를 조정하기 위해 계약의 효력, 이행, 변경, 위반 등의 민사권리 내용을 담고 있음.

▸ **상품방(商品房)**

- 국가로부터 출양(出讓) 방식으로 토지사용권을 취득한 부동산 개발회사가 건축한 매매가 가능한 건물
- 아파트, 상업용 건물 등이 이에 해당하며, 반드시 산권증과 토지사용증의 등기를 통해 재산권을 보호받을 수 있음.

▸ **매매거간합동(房屋交易居間合同)**

- 아파트 매매의 일반적 교역 방식으로 매매의 안전을 위해 판매자, 구매자, 부동산 중개(居間)회사 등 3자가 함께 아파트 교역을 행하는 거래 방식
- 매매 과정 중 부동산 중개회사(거간,居間)는 매매자 양측에게 아파트 계약 표본 및 부동산 교역과 관련한 법률적 자문을 제공함.
- 일반적으로 매매 금액이 부동산 중개회사(거간회사)를 통해 제공되기 때문에, 매매 과정 중 매매자간의 분쟁이 일어나게 되면, 부동산 중개회사(거간회사)는 지불을 중지하고 은행에 보관하고 있다가, 분쟁 종료 후 금액을 전달 함.

  ※ 거간회사(중개회사)는 법적 권리를 행하는 것이 아니고, 중간자의 입장에서의 중개(仲介), 정보 전달의 작용을 하는 서비스 제공 역할자임을 명확히 알아야 함.(우리의 부동산 중개소 역할)

제3장

방산증 취득은 마쳤으나 토지사용권증이 없는 아파트의 매매 효력여부

1. 사건 전개

아파트를 담보로 한 차용

우상모는 얼마 전 구입한 S사 아파트를 담보로 지민박에게 50만 위안을 빌렸습니다. 그러나 둘은 워낙 잘 알고 지내온 사이인지라 아파트 담보에 관한 등기 조치는 추후에 변제되는 현실적 상황에 따라 결정하기로 하였습니다.

그렇게 2년이 지났으나 우상모(피고)의 경제 상황이 좋아지지 않아 현금으로는 지민박에게 변제를 할 수 없게 되었습니다.

이에, 우상모와 지민박은 2년 전 계약 내용에 따라 대물변제(以物抵債)를 하기로 합의하였고, 우상모는 담보로 약속했던 아파트를 30만 위안으로 평가하여 지민박에게 양도하면서 30만 위안에 해당하는 채무 상환을 마친 것으로 합의하였습니다.

지민박 또한 이에 동의하고 우상모에게 30만 위안을 받았다고 하는 상환증(相換證)을 작성하여 주었습니다. 그리고 방산관리국(房産管理局)에 가서 소유권 이전 수속을 시작하였습니다.

다음해에 지민박은 본인 명의로 발급된 '방지산권증'(房地産權證)을 취득하였고, 이를 취득한 이후부터 지민박은 S사 아파트에 직접 거주하기 시작하였습니다.

그런데, 그곳에서 어느 정도의 시간을 거주하던 지민박은 아파트 소유권 등기에 관한 새로운 사실을 알았습니다. 아파트 소유권에 관한 법률적 최종 등기는 건축물 소유에 관한 방지산권증(房地産權證)의 등기 뿐 아니라 토지에 대해 사용 허가를 받는 국유토지사용권증(國有土地使用權證)의 등기도 함께하고 이를 취득해야 함을 알았습니다.

이에 지민박은 우상모에게 아파트 국유토지사용권증(國有土地使用權證)의 수속에 관한 협조 요청을 하였습니다.

아파트 가격의 변동과 아파트 등기의 미완

그런데 이로 인해 두 사람 간에는 충돌이 발생하게 되는데요. 우상모는 그동안 아파트 매매 가격이 크게 상승하였음으로 아파트에 대한 변제 가격을 20만 위안 더 상승시켜 차용금액 만큼인 총 50만 위안의 금액에 대한 새로운 평가를 요구하였으며, 그렇지 않을 경우 국유토지사용권증의 등기 수속에 관해 협조를 하지 않겠다고 하였습니다.

그러나 지민박은 계약 후 3년이 이미 지난 현재 시점에서 아파트 매매가의 변동에 대한 평가를 다시 할 수는 없다며, 총금액 50만 위안의 평가에 대해 동의하지 않았습니다. 그런 후 우상모에게 나머지 20만 위안에 관한 원금 상환을 요청 하면서, 법원에 우상모를 상대로 국유토지사용권증의 명의 변경에 관한 소송을 접수하였습니다.

지민박은 우상모(피고)에게 국유토지사용권증(國有土地使用權證)의 수속에 관한 협력(△당사자 신분증, △매매 증명 계약서, △공증서, △변경전 국유토지상용권증 등)을 받을 수 있을까요?

그리고 지민박이 우상모에게 빌려준 금액 중 나머지 20만 위안은 다시 받을 수 있을까요?

관계 법률 조항

▸ **도시방지산관리법 제32조**

○ (방지산 교역의 일반) 방지산을 양도, 저당 할 경우 방옥의 소유권과 그 방옥이 점용(占用)하고 있는 범위내의 토지사용권은 동시에 양도, 저당한다.

▸ **담보법 제41조**

○ (저당 계약과 담보물의 등기) 담보법 제42조가 규정한 재산 저당물의 당사자는 응당 저당물을 등기 하여야 하며, 당사자들 간의 저당 계약은 등기를 시행한 시간부터 유효하다.

▸ **담보법 제42조**

○ 저당등기(저당권 설정)를 시행하는 기관은 아래와 같다.

(一) 건축물이 없는 토지사용권의 저당은 토지사용권증서의 토지관리부문에서 심사 후 시행한다.

(二) 도시방지산 또는 향(鄕), 진(鎭) 마을기업의 공장건물 등 건축물을 저당할 경우에는 현급(縣級)이상 지방인민법원의 규정이 정하는 기관에서 시행한다.

(三) 임목(林木)을 저당할 경우에는 현급(縣級) 이상 임목 주관기관에서 시행한다.

(四) 항공기, 선박, 차량을 저당할 경우에는 운수공구를 목적으로 하는 등기 기관에서 시행한다.

(五) 기업의 설비와 기타 동산(動產)을 저당할 경우에는 해당 재산 소재지의 공상행정관리(工商行政管理部門)에서 시행한다.

2. 질문 요약

대물변제 받은 아파트의 등기과정과 가격 평가

방산증을 먼저 취득하였으나, 국유토지사용권증은 미 취득한 상황에서 아파트 매매가격에 관한 분쟁이 발생하였습니다. 원래의 양측 간 계약 내용에 근거하여 토지사용권증을 발급받을 수 있습니까?

아니면, 등기 기간 중 변동된 지가(地價) 폭 만큼 아파트 가격을 다시 평가하고, 20만 위안에 해당하는 금액을 포함하여 대물

변제를 받아야합니까?

3. 법리적 접근 – 박 박사님의 답변

계약유효 여부에 관해

원고와 피고 간 작성된 계약 내용부터 살펴보도록 합시다. 원고가 피고에게 작성해준 차용증에는 아파트의 가격을 30만 위안으로 하는 채무에 관한 명백한 합의 제한 조건이 포함되어 있습니다.

즉, 동 아파트 건물(방옥, 房屋)의 소유권증이 이미 지민박(원고)의 명의로 변경된 사실은 우상모(피고)가 양측 간 협의에 완전히 동의하여 실행한 행위에 대한 증명 사실이 되는 바, 30만 위안에 아파트를 양도하기로 한, 양측 간 합의는 법률의 보호를 받는 유효계약이라 할 것입니다.

그리고 가장 중요한 것은 중국 아파트 매매 법률(도시방지산 관리법 제32조)에 아파트 매매 등기는 건물(방옥,房屋)에 관한 소유권과 그 건물(방옥,房屋)이 점용하고 있는 토지에 관한 토지사용권을 동시에 양도 한다고 명시되어 있다는 사실입니다.

동 법률에 근거하여 지민박이 먼저 취득한 방옥소유권증은 국유토지사용권의 소유권 이전의 의미도 함께 포함되어 있는 바, 법률적 보호를 받게 됩니다.

이러한 관점에서 우상모가 지민박에게 새롭게 제기한 20만 위안은 계약내용에 포함되지 않기 때문에 법률적 보호를 받을 수 없으며, 별도로 20만 위안을 상환하여야 합니다.

따라는 우상모는 지민박에게 아파트 국유토지소유권증서에 관한 명의 변경(變更)을 진행하여야 하며, 별도의 20만 위안도 함께 상환하여야 합니다.

❖ 재산권(산권(產權) 등기에 관해

중국 도시의 모든 토지는 국가가 소유하고 있기 때문에 법리적으로 보면, 개발업자들은 국가로부터 토지를 임대받아 아파트 건물을 짓고(construct building) 최종소비자에게 판매합니다. 이후 소비자들이 아파트를 구매하게 되면, 국가로부터는 아파트 토지에 관한 사용권을 부여받고, 부동산 개발업자(real estate developer)로 부터는 건축물에 관한 소유권을 양도받아 아파트를 소유하는 형식이 됩니다.

따라서 중국 도시 아파트를 구매한 구매자의 재산권은 토지에 관한 사용권과 건물에 관한 소유권으로 구분되는 것입니다.

그리고 아파트 매매의 경우 양측 간 아파트매매계약(방옥매매합동-房屋賣買合同)이 합법적 절차를 거쳐 성사되었다면 당연히 아파트 토지에 관한 사용권과 건물에 관한 소유권은 함께 포함되어 있으며, 구매자는 토지사용권과 건물소유권을 함께 취득할 수 있습니다.

그러나 동 분쟁의 경우와 같이 아파트 건물에 관한 소유권과 토지에 관한 사용권으로 인해 분쟁이 발생하는 경우가 종종 있는 바, 이는 관리 기관에서 아파트의 건물 소유권(방옥산권-房屋産權)에 관한 등기를 먼저 시행하여 이를 증명하는 방옥소유권증(房屋所有權證)을 발급하고, 이후 어느 정도의 시간이 지나 토지사용권(土地使用權)을 증명하는 토지사용권증(土地使用權證)을 발급하고 있기 때문에 나타나고 있는 현상들입니다.

그러나, 아파트의 건물(방옥)과 토지는 분리할 수 없다고 하는 법률적 원칙하에 아파트 매매가 진행되고 있기 때문에 정상적으로 유효한 양측 간 매매 계약이라면 건물 소유 및 토지 사용권에 관한 등기 순서는 아파트 재산권에 아무런 영향을 미치지 않습니다.

아파트 담보와 건물 저당에 관해

담보의 관점에서 보면, 본안의 분쟁은 원고(지민박)이 아파트 건물을 담보로 하였으나, 저당권 설정을 하지 않았기 때문에 발생한 경우이며, 이로 인해 담보에 관한 법률적 보호를 받지 못해 생긴 경우라고 할 수 있습니다.

아파트 건물을 담보도 채무관계가 이루어질 경우에는 담보법에 따라 아파트 저당권이 설정되었을 경우에만 법률적 보호를 받을 수 있습니다.

중국 담보법(擔保法) 제41조와 제42조에 근거하여 저당(mortgage) 잡힌 도시부동산 건축물의 저당권(mortgage hypothec)을 설정하고자 할 경우에는 반드시 서면상으로 저당에 관한 계약이 있어야 하며, 이에 관한 저당권의 설정여부는 현급(縣級) 이상 지방정부에 등기를 시행한 날로부터 시작됩니다.

즉, 저당 등기를 하지 않았을 경우 채권인(저당권인)은 아파트에 관한 상환권을 보장받을 수 없습니다.

다시 말해 계약 당사자 간 구두(口頭) 또는 별도의 서면(書面) 계약이 있다고 하더라도 담보법에 따른 저당등기(mortgage registration)가 미시행 되었다면, 유효 계약으로 볼 수 없으며, 법률 보호를 받을 수 없습니다.

따라서 아파트를 담보로 양측 간 사업계약이 이루어질 경우에는 반드시 방지산관리국(房地產管理局) 등 현(縣) · 시(市)급 이상 지방정부의 아파트 재산권 등기 유관기관(방지관리부문, 房地產管理部門)에서 저당(저압, 抵押)에 관한 등기를 하여야 합니다. 만약 저당 등기가 되어 있지 않을 경우에는 법적인 보호를 받을 수 없는 바, 계약은 무효처리 되는 것이 법률적 기본 원칙입니다.

제4장

이면계약(dual contract)에 의한 건물 매매 계약서의 법률 효력과 보호 범위

1. 사건 전개

절세를 위한 이면계약 합의

우상모는 선양시 소가툰에서 조그만 상점을 구매하여 한국 전문 떡볶이 집을 운영하고 있었습니다.

요식업으로 상당한 돈을 축적한 우상모는 좀 더 큰 사업을 위해 떡볶이 상가를 타인에게 양도하기로 결심하고 주위에 광고를 냈는데, 뜻밖에도 평소 잘 알고 지내던 지민박이 중국에서 사업을 해보겠다며 상점 구매 의사를 밝혔습니다.

두 사람 간에는 즉시 합의 가격이 도출되었고, 우상모는 지민박에게 50만 위안에 상가를 양도하기로 하였습니다.

당사자 두 명은 그렇게 계약을 맺고 계약서를 작성하였으며,

설레는 맘으로 지민박은 상가 양도금액을 준비 하였습니다. 그런데 그 과정 중 지민박은 중국 경험이 많은 구 선생을 통해 새로운 사실을 하나 알게 되었습니다.

상가를 구매하면 중국 세무국(稅務局)에 취득세(계세, 契稅)를 납세하여야 하는데, 계약서를 기준으로 매매가의 3%를 지불하여야 한다고 합니다. 따라서 만약 계약서상에 상가 매매가가 40만 위안으로 표기되어 있으면 그만큼의 취득세(계세, 契稅)를 절세(節稅, tax saving)할 수 있다고 하는 조언이었습니다.

지민박은 본인이 전해들은 절세 방법을 우상모와 상의했고, 우상모도 양도소득세(전양소득세, 轉讓所得稅) 등을 절세할 수 있다고 생각하여 지민박과 관공서에 제출할 별도의 계약서를 작성하기로 합의하였습니다.

우상모와 지민박은 본래 체결하였던 두 사람 간의 대내(對內) 계약서는 비공개하기로 하였고, 대외용 공개 계약서상에는 두 사람이 처음에 합의하였던 매매가격 보다 10만 위안을 낮춰 작성하여 관련 기관에 제출하였습니다.

이렇게 두 사람 간에는 상가 양도 가격을 40만 위안으로 낮춘 두 번째 계약서(대외계약서)가 생산되게 되었고, 이것으로 **이면계약(음양합동,** 陰陽合同) 체결은 완료되었습니다.

이면계약의 불이행

그리고 두 사람은 지민박이 먼저 40만 위안을 양도금으로 지불하면, 상가 양도 수속을 시작하기로 하였고, 우상모는 40만 위안을 받은 즉시 산증(産證)을 넘기고 지민박과 함께 양도 수속을 시작하기로 합의한 바, 지민박은 우상모에게 40만 위안을 지불하고 양도 수속을 시작하였습니다.

그런데 재산권 등기 이전 과정 중 지민박이 우상모에게 나머지 10만 위안에 관한 금액의 지불을 거부 하였습니다. 그리고 우상모는 매매금의 10만 위안이 미납되었기 때문에 상점의 소유권 이전 수속을 중지하겠다고 하였습니다.

이로 인해 양측 간에는 법적 분쟁이 일어나게 되었는데요. 지민박은 관련 기관에 제출한 계약서를 근거로 계약서상의 모든 양도금을 지불하였으니 당연히 소유권 이전을 마쳐야 한다고 요구하고 있고, 우상모는 상호 구두 협의와 별도의 계약서에 의해 약정(約定)한 10만 위안이 미납 되었으니, 소유권 이전을 진행할 수 없다고 합니다.

관계 법률 조항

물권법 제15조

○ (부동산 등기의 효력) 부동산 물권에 관해 해당 당사자 간의 체결한 설립, 변경, 양도 및 소멸에 관한 계약은 별도의 규정 또는 별도의 계약에 의한 약정이 정하는 바를 제외하고, 계약의 효력은 계약 성립 시기부터 유효하다. 그러나 물권등기 수속을 행하지 않은 부동산의 물권은 계약에 영향을 받지 아니한다.

▸ **계약법(합동법) 제41조**

○ (계약의 효력) 법에 근거하여 성립 체결된 계약은 성립 체결과 함께 효력이 발생한다. 법률, 비준을 받아야 하는 행정법규 규정, 등기 등 수속을 통해 효력이 발생한 것들은 그에 따라 정한 규정에 따른다.

▸ **계약법(합동법) 제52조**

○ (계약의 무효) 아래의 경우 중 하나에 해당하는 계약은 무효이다.

(一) 계약 당사자 중 어느 일방이 사기, 협박의 수단을 통해 계약을 체결하고, 계약이 국가이익에 반하는 경우

(二) 악의적으로 서로 공모 결탁하여 국가, 집체(집단, 조직) 또는 제3자의 이익에 손해를 입히는 경우

(三) 합법적 형식을 통해 불법 목적의 행위를 감춰 덮으려 한 경우

(四) 사회의 공공이익을 해하는 경우

(五) 법률, 행정법규의 강제규정에 위반된 경우

2. 질문 요약

◆ 이면계약 이지만 법률 보호를 받을 수 있나요?

양측은 서로 믿고 이면계약(음양합동, 陰陽合同)을 체결하였으나, 이후 상호 신뢰가 깨지면서 상가 대금을 지불하였음에도 불구하고 거래가 중지되는 상황이 발생하였습니다.

양측의 합의에 의해 작성된 이면계약(음양합동, 陰陽合同)의 법률 효력과 법의 보호 범위, 그리고 법리적 관점에서 이면계약

이 어떠한 의미가 있는지 알고 싶습니다.

3. 법리적 접근 – 박 박사님의 답변

◆ 이면계약을 바라보는 법리적 관점

이면계약(이중계약, 陰陽合同(음양합동)이란 계약 당사자가 모종(某種)의 계약을 체결함에 있어, 동일한 계약이나 내용이 서로 상이한 계약서를 2부 이상 작성하여 1부는 대내(對內) 비공개용으로 사용하고, 나머지 1부는 대외(對外) 공개용으로 사용하는 것으로, 대외 공개적으로 사용한 1부의 계약서에는 계약 당사자들 간의 계약내용에 관한 진실의사가 포함되어 있지 않은 계약을 말합니다.

이면계약은 일반적으로 국가의 세수를 회피하기 위한 탈세 등의 목적으로 작성되며, 대내 비공개용으로 선(先) 작성한 계약에 양측이 합의한 진실 내용이 포함되어 있으며, 공개용으로 후(後) 작성한 계약서상에는 이면계약을 행하는 목적이 포함되어 있기 때문에 선(先) 계약서와 후(後) 계약서상에는 차이가 있으며, 후(後) 계약서상의 별도 내용은 구두(口頭) 또는 서면(書面)을 통해 작성됩니다.

법률적으로 이중계약의 유효범위에 대한 명확한 내용은 찾을 수 없기 때문에 이중계약을 어떠한 관점에서 바라보고 해석할 수 있는지가 매우 중요한 관건인 바, 여기에서는 동 사안과 같이 이면계약을 건물 매매 중 나타난 경우로 제한하여, 이면계약의 △일부 유효 관점, △유효 관점, △무효 관점으로 나누어 이면계약의 유효범위에 대해 먼저 분석해 보도록 하겠습니다.

계약의 일부 유효관점

첫째, 계약의 진실성 측면에서 바라본 일부 유효 관점입니다.

사안의 결과를 중심으로 볼 때 양측은 처음부터 선(先) 작성한 계약서에만 진실의 뜻을 담았으며, 공개하고 있는 후(後) 계약서에서는 당사자 간 합의된 진실의 뜻이 나타나지 않고 있습니다.

반면, 양측 계약의 진실이 담겨있는 선(先) 계약은 후(後) 계약에 의해 무효화 되었고, 후(後) 계약이 체결되지 않았다면 선(先) 계약은 원만한 결과를 가져왔을 것이라고 추정되는 바, 선(先) 체결 계약에 계약의 진실이 담겨져 있다고 볼 수 있을 것입니다.

따라서 계약의 실제 이행(履行) 의사를 담고 있는 비공개 선(先) 계약만이 유효한 계약이며 합법적 보호를 받을 수 있다고 하는 관점입니다.

계약의 유효관점

둘째, 양측의 계약 의지 측면에서 바라본 유효 관점에서 바라보도록 하겠습니다.

양측이 계약을 체결하고 체결한 계약이 성립되기 위해서는 계약 당사자 간의 계약 내용에 포함된 의지가 매우 중요한 요소가 됩니다.

계약 의지는 계약의 자생적 성립 여부에서 바라보는 내용인데요, 동 계약의 선(先)계약과 후(後)계약 모두 유효할 수 있다고 보는 관점입니다.

왜냐하면 선(先), 후(後) 계약 모두 양측의 협의(協議) 하에 작성된 합의계약(合意契約)이기 때문입니다.

양도금액에 관한 조항만 제외하면 두 계약 내용은 모두 동일하고, 동일인이 동일한 의사를 갖고 체결한 것이며, 양측 모두 합의에 의한 것이기 때문에 선(先), 후(後) 계약 모두 유효한 계약이 될 수 있습니다.

단, 이 경우 분쟁을 해결할 수는 없기 때문에 양측은 재계약 체결을 준비하여야 하고, 재계약 체결 이전에 선 계약의 해지 및 해지 책임에 관한 새로운 문제가 남게되기 때문에 합의해제(合意解除) 과정을 진행하여야 할 것입니다.

계약의 무효관점

셋째, 중국 실효법을 포괄적으로 적용한 계약 무효의 관점입니다.

중국 합동법(合同法) 제52조에는 △악의적으로 서로 공모 결탁(악의관통, 惡意串通)하여 국가, 집체(집단, 조직), 또는 제3자의 이익에 손해를 입힌 경우, △합법적 형식을 통해 불법 목적의 행위를 감춰 덮으려 한 경우 모두를 무효계약이라고 명시하고 있습니다.

즉, 동 이면계약이 당사자 간 합의에 의해 합법적 과정을 거쳐 체결된 것이긴 하나 그 목적이 절세가 아닌 탈세를 목적으로 체결되어 국가 이익에 영향을 미친 것이 명백하고, 양측이 취한 합법적 형식의 최종 목적이 탈세라고 하는 불법을 최종 목적으로 하고 있기 때문에 처음부터 계약이 성립될 수 없으며, 계약 자체를 무효로 보는 관점입니다.

이에 계약법(합동법) 제52조에 근거하여 이면계약은 모두 무효이고, 법률적 보호를 받을 수 없다고 하는 결론이 도출됩니다.

계약법(합동법)의 관점에서 보면 동 계약을 모두 무효 처리하고 양자 간 발생한 분쟁은 민사재판을 통해서 다시 처리하여야 할 것입니다.

계약유효 여부에 관한 결론

법률적으로 이중계약의 유효범위에 대한 명확한 설명 내용은 찾을 수는 없습니다.

따라서, 계약서상의 공평원칙과 대가(對價,consideration) 원칙을 기초로 계약 당사자 간 체결한 진정성과 진실성을 통해 계약의 유효여부를 판단하여야 할 것입니다.

단, 중국 계약법(합동법, 合同法)에서는 악의의 목적을 갖고 양측이 서로 공모 결탁하여 국가의 이익에 손해를 해치는 계약은 무효라고 명시되어 있는 바, 납세의 의무를 회피할 목적으로 이면계약을 하였을 경우 대내 비공개용 계약이 법률의 보호를 받는 유효 계약이라 볼 수 있을 것입니다.

이면계약 행위에 관한 법률 적용

본 안건은 건물 매매 중 양측이 서로 합의하여 탈세를 목적으로 이면계약을 행하고 국가를 상대로 건물의 실제 매매가격을 엄폐(掩蔽)하려 한 사안입니다.

이면계약으로 인해 양측은 상가의 매매 과정 중 동일한 상가의 재산권을 두고 서로 다른 가격으로 평가하게 되었으며, 쟁의(爭議)가 발생하여 이면계약에 관한 법률적 효력에 관한 문제가 발생하였습니다.

여기서 가장 먼저 확인하여야 할 사안은 우상모가 건물의 권한을 지민박에게 양도하기로 한 이후 우상모와 지민박이 체결한 첫 번째 계약서의 효력 여부입니다.

이는 법에 근거하여 체결 성립된 계약이며, 양측의 진실을 모두 포함하고 있기 때문에 상가 매매 계약의 가장 기초적 법률 구속력을 가질 수 있으며, 계약 체결의 유효 여부를 판단하는 가장 중요한 자료가 됩니다.

반면, 제2 계약은 양측 당사자들이 상가 산권(産權)의 이전 등기를 목적으로 생산한 계약이기는 하나, 1번 계약서의 이행을 위해 만든 것으로 별도의 계약 행위로 볼 수 없고, 이러한 본질 내용을 근거로 관련법을 적용해 볼 수 있습니다.

즉, 계약법(합동법) 제44조는 계약 성립 시기를 계약이 성립된 시기부터 계약의 효력이 발생한다고 명시하고 있습니다.

더 나아가 아파트 매매 등 재산권 보호에 가장 큰 영향을 미치는 물권법 제15조에서는 부동산 물권에 관해 당사자 간 체결한 설립, 변경, 양도 및 소멸에 관한 계약은 별도의 규정 또는 별도의 계약에 의한 약정이 정하는 바를 제외하고, 계약의 효력은 계약 성립 시기부터 유효하다고 계약 성립 시기를 정하고 있습니다.

따라서 선(先)계약일로부터 계약이 성립되었다고 보아야 할 것이고, 선 계약의 내용이 법률적 효력으로 인정되며, 양측은 선 계약에 따라 계약 내용을 집행하는 것이 옳다고 사료됩니다.

❖ 이면계약에 관한 법리적 정의(正意) 및 형사(刑事) 처벌 정의

계약 이행은 계약의 실질 내용과 집행에 관한 진실한 의사를 갖고 진행될 때 계약 당사자 간의 권리를 보호 받을 수 있습니다.

이면계약이 양측의 합의에 의해 도출된 것이긴 하나, 세금 회피, 즉 탈세를 목적으로 국가 기관에 허위 신고를 하였고, 서로 결탁하여 국가이익에 손해를 미쳤는 바, 이는 법정의무(法定義務, legal duty)에 반하는 행위이며, 경우에 따라 형사(刑事) 처벌 대상이 될 수도 있습니다.

4. 중국 부동산용어 해설

▸ **이면계약(裏面契約), 음양합동(陰陽合同)**

- 음양합동(陰陽合同), 대외 공개용(양,陽)으로 작성된 계약서와 계약 당사자간 대내 비공개 용도(음,陰)로 사용되는 계약서 등 일부 내용이 상이한 2부의 계약서가 작성되기 때문에 이중계약서를 음양합동(음양계약)이라고 함.
- 음양합동이라고 하는 용어는 법률상 용어는 아니며, 쌍면합동(雙面合同), 허가합동(虛假合同)이라는 뜻으로 사용됨.

제5장

소유주가 배제된 제3자간 아파트 매매 계약의 효력 및 계약에 관여한 이들의 연대 책임 여부

1. 사건 전개

소유주가 배재된 제3자 간 계약 체결

지민박은 중개업자 사장의 중개를 받아 우상모와 선양시(瀋陽市) 훈난구(渾南區) 소재 아파트방지산매매(房地産賣買)에 관한 계약(合同)을 작성하고, 지민박의 명의로 아파트를 구매하기로 하였으며, 지민박의 모친은 계약 내용에 따라 우상모에게 계약금 10만 위안을 지불 하였습니다.

그런데, 계약 완료 후 지민박이 계약서의 내용을 정확히 확인하는 과정 중 계약서상에 기재된 아파트 소유주가 계약서 작성 현장에서 계약을 체결한 우상모가 아니라 경태구라는 사실을 확인 하였고, 계약서상의 주택 소유주 란에 직접 서명을 한 사람도 계약 현장에서 지민박의 어머니와 직접 계약을 체결한 우상모라는 사실을 확인 하였습니다.

지민박은 혹시나 하는 마음에 훈난구 방산국(房産局)을 찾아가 아파트 등기의 실제 집주인을 확인하였는데 집주인이 바로 경태구였습니다. 지민박은 어머니와 우상모 간 체결된 계약이 정상적이지 않다고 생각하여, 우상모를 찾아 이미 지급한 계약금 10만 위안에 대한 환불과 계약 취소를 요구 하였습니다.

산권 미등기 아파트의 재매매

그런데 이 과정에서 아파트 소유주 경태구는 또 다른 사람인 호진강과 아파트 매매계약을 맺고 계약서상의 아파트를 호진강에게 다시 판매하였으나, 경태구와 호진강과의 채무관계 등으로 인해 현재까지 소유권 이전 수속은 전혀 진행되지 않고 있는 사실을 확인 하였습니다.

즉, 경태구는 호진강과 채무관계가 발생하자 채무금액 만큼을 제한 후 호진강에게 아파트를 넘기기로 하였고 호진강은 경태구와 계약을 체결한 후 아파트를 구매하기로 하였으나 동 내용이 계약서상으로만 이루어졌을 뿐 아직까지 소유권 이전은 전혀 진행되지 않았던 것이었습니다.

이러한 배경을 알고 있던 경태구의 친구 우상모는 경태구를 대신하여 지민박의 모친과 계약을 체결한 것이었고, 우상모는 경태구와 상의하여 지민박의 어머니로부터 받은 계약금을 채무

관계가 있는 호진강에게 다시 넘겨주게 된 것이었습니다.

따라서 지민박의 모친이 우상모에게 지불한 10만 위안은 이미 호진강에게 전달되어 호진강이 보관하고 있는 상태였습니다.

우상모와 호진강과의 계약 관계를 이해한 지민박의 모친은 호진강을 찾아 아파트를 매개로한 계약의 부당성을 설명하였고, 아파트 매매 과정에 관해 설명을 듣고 이해한 호진강은 일단 한발 물러서며 계약금의 절반인 5만 위안을 지민박의 모친에게 반환하였습니다.

그리고 지민박의 모친은 호진강으로부터 계약금의 일부인 5만 위안을 받으면서 수령증(영수증)을 직접 작성하여 호진강에게 전달하였습니다.

소유권에 대한 사실 내용을 확인한 지민박은 실제 계약금을 전달하였을 뿐 아니라 아직까지 보관하고 있는 우상모와 호진강에게 계약 파기 및 남은 금액 5만 위안의 조속 반환을 요청하였습니다.

그러나 호진강은 시간을 끌며 남은 계약금 5만 위안을 반환하지 않고 있습니다. 이에 지민박은 아래 내용이 담긴 관련 계약의 파기 및 계약금 반환 소송을 준비 하는데 즉, 호진강은 남아있는 계약금으로 받은 나머지 5만 위안을 조속한 시일내에 반환할 것, 그리고 등기 소유주가 없는 상태에서 처음 계약을 체결한 우상모와 소유주 경태구는 처음부터 고의적으로 본 사안을 알고도 계약을 체결하여 지민박에게 정신적, 물질적 피해를 가하였으니 호진강과 함께 본 내용이 모두 해결될 때 까지 연대책임을 져야 한다고 하는 주장이 핵심내용이었습니다.

관계 법률 조항

도시방지산관리법 제37조

○ (방지산 전양의(轉讓) 정의) 방지산 전양(轉讓, 전양)이란 방지산의 권리를 갖고 있는 사람이 매매, 증여 및 기타 합법방식의 방법을 통해 방지산의 권리를 타인에게 넘기는(轉移) 행위이다.

도시방지산관리법 제38조

○ (주택 매매가 불가한 경우) 아래의 방지산은 매매(轉讓, 전양)할 수 없다.

1. 출양(出讓) 방식으로 취득한 토지의 사용권이 도시방지산관리법 제39조의 규정에 부합되지 않을 경우
2. 법에 근거하여 사법기관 및 행정기관에 재정(裁定), 차압 봉인 결정이 되어있거나, 기타 형식으로 방지산의 권리가 제한되어 있는 경우
3. 법에 의해 토지사용권이 회수된 방지산
4. 여러 명 소유의 공유방지산 중 공유 소유인들의 서면 동의를 취득하지 못한 경우
5. 소유권에 관해 분쟁이 진행 중인 방지산
6. 법적 등기가 되어 있지 않아 토지소유권에 관한 증서를 취득하지 못한 경우
7. 법률 및 행정 법규에 의해 전양이 금지되어 있는 경우

▸ **계약법(합동법) 제54조**

○ (계약 무효 청구) 아래의 계약에 해당하는 경우 계약 당사자 중 일방(一方)은 인민법원(人民法院) 또는 중재기구에 계약 변경 또는 계약 취소를 청구할 수 있다.

(一) 중대한 오해(誤解)로 인해 계약이 체결된 경우

(二) 계약 체결 당시 불공평, 불공정에 관한 정황이 명확할 경우

- △사기, 협박 또는 상대방의 위급한 상황을 이용하여 상대방을 해(害)할 목적으로 체결된 계약, △상대방의 진실 의사에 위반되어 체결된 계약으로 인해 손해를 입은 계약의 당사자는 인민법원(人民法院) 또는 중개기구에 계약 내용의 변경 또는 계약 취소를 청구(請求)할 수 있다.
- 당사자가 변경을 청구하였을 경우에는 인민법원 또는 중재기구(仲裁機構)에 취소 요청을 할 수 없다.

▸ **계약법(합동법) 제58조**

○ (계약 무효에 따른 재산 반환) 계약무효 또는 취소 결정 후 계약에 의해 취득된 재산은 응당 반환되어야 한다. 이때에 반환을 할 수 없거나, 반환의 필요가 없다고 판단될 경우에는 응당 이에 상응하는 가격을 별도로 정산하여 이를 보상하여야 한다.

○ 일방의 과실로 인해 상대방이 손실을 입었을 경우, 과실을 행한 일방은 이에 상응하는 손실을 상대방에게 보상하여야 하고, 쌍방 모두에게 과실이 있을 경우, 각 일방은 이에 해당하는 만큼 상대방에게 보상의 책임을 다하여야 한다.

▸ **계약법(합동법) 제115조**

○ (위약 책임) 중화인민공화국담보법(中華人民共和國擔保法)에 근거하여 약정한 당사자 일방이 상대방에게 지불한 계약금은 채권의 담보가 된다.

- 채무인(債務人)이 채무의 이행을 다하면, 이미 지불한 계약금은 응당 총 금액에 포함되어 계산되거나(低作價款) 회수되어야 한다.
- 계약금을 지불한 일방이 약정한 채무 내용을 이행하지 않았을 경우에는 계약금의 반환을 요구할 권한은 소멸된다.
- 계약금을 받은 계약 일방이 약정한 채무(債務) 내용을 이행하지 않았을 경우에는 계약금의 두 배 금액을 반환하여야 한다.

2. 질문 요약

❖ 소유주가 배제된 매매계약의 유효여부와 관계자들의 연대 책임 추궁

아파트 소유주도 아니며, 아파트 소유주로부터 위임장도 받지 않은 제3자에 의해 아파트 매매 계약이 체결되었으며, 계약 체결시 계약금으로 지불한 전액 모두가 제3자에게 전달되었기 때문에 계약의 무효를 원하고 있으나, 계약금을 반환하지 않고 있습니다.

아파트 등기소유주가 배재되어, 제3자 간에 아파트 계약이 체결되었는 바, 이러한 부동산 매매 계약이 유효할 수 있는지요?

그리고 아파트 소유권에 관한 등기를 하지 않고 계약서만으로 소유권의 이전을 서로 인정하고 이를 다시 제3자에게 판매하여, 계약금액이 제3자에게 전달되었는 바, 아파트 매매에 관여한 제3자 모두에게 연대책임을 물을 수 있는지요?

3. 법리적 접근 – 박 박사님의 답변

계약 유효여부에 관해

중국 도시방지산관리법 제38조, 제6항에서는 법적 등기가 되어 있지 않아 토지소유권에 관한 증서를 취득하지 못한 경우에는 방지산(아파트, 부동산)을 양도할 수 없다고 규정하고 있습니다.

본안에서 계약 체결 당사자인 우상모는 아파트의 실제 소유주가 아니고, 위임장 등 계약 체결시 집소유주와의 관계를 나타내는 아무런 증빙 서류도 제시하지 않고 있습니다.

즉, 우상모는 소유주 누구에게도 위임장을 받지 않은 상황하에서 계약을 진행하였고, 계약 체결 당시 법률상 소유주인 경태구와 호진강이 계약서상 매매 계약을 체결한 사실을 이미 알고 있었으며, 더 나아가 자신이 직접 계약서에 서명을 하고 계약금을 수수한 바, 우상모가 집소유주인 경태구로부터 구두(口頭)상의 위임을 받았다고 하더라도 이는 고의적 과실이 됩니다.

따라서 지민박과 우상모 그리고 중개업자 사이에 체결한 방지산매매계약(房地産賣買合同)은 아파트 소유권이 없는 우상모가 체결한 계약이기 때문에 관련 법률에 따라 위법임과 동시에 무효 계약이 됩니다.

또한 계약금을 실제로 받은 호진강은 아파트 소유주 경태구와의 사이에 채무 관계가 있어 계약금을 전달받았다고 하더라도, 동 아파트에 관한 권속증서(權屬證書, 소유증서)를 취득하고 있지 않았고, 법률에 따른 아파트 소유에 관한 등기 절차도 진행하지 않았기 때문에 어떠한 경우에도 아파트의 소유주가 될 수 없습니다.

연대책임 가능여부에 관해

계약법(합동법) 제58조에서는 계약(합동)의 무효 또는 이를 취소한 후에는 동 계약으로 인해 취득한 재산을 반환하여야 한다고 규정하고 있습니다.

이에 따라 호진강은 우상모와 지민박의 어머니 간 체결한 방지산매매합동과 관련한 10만 위안 전액을 지민박에게 돌려주어야 하며, 계약금 출처에 관한 모든 상황을 충분히 인지하고 있었는 바, 이 과정에서 발생한 문제의 해결을 위해 **연대청상책임(連帶淸償責任**, 공동연대부채, joint and several liability)의 의무를 갖게 됩니다.

우상모가 호진강에게 전달한 계약금은 법률적 행위에 근거하지 않고 전달된 금액이며, 우상모의 계약체결 및 계약금을 전달한 행위 모두 잘못된 행위입니다.

따라서, 호진강은 지민박에게 나머지 5만 위안의 계약금을 돌려주어야 하며, 본 사안을 고의적으로 발생시킨 우상모는 상술한 금액에 관해 채무가 완전히 끝날 때 까지 연대청상책임(連帶淸償責任)의 의무를 다하여야 합니다.

중국에서 아파트 매매시 방산증이 없는 아파트는 절대로 계약체결을 하지 말아야 할 것이며, 법률상 소유주가 아닌 사람과 계약을 체결하여야 할 경우에는 반드시 공증 위임장을 통해 수권(授權)이 있는 사람과 계약을 체결하여야 할 것입니다.

4. 중국 부동산용어 해설

▶ **연대청상책임(連帶淸償責任, 공동연대부채**, joint and several liability

- 연대청상책임이란 채무와 연관되어 있는 수인(數人)이 공동으로 법률적 책임을 다하는 것으로, 채권인이 모든 채무금액을 받을 수 있도록 하는 법률적 보호 내용이 명시되어 있습니다.
- 즉, 채권자는 채권금액의 일부 또는 전부의 상환을 요구할 수 있으며, 이와 관련된 수인(數人)은 모두 채무자가 되는 바, 채무자들은 연대책임을 통해 일부가 아닌 전체 채무금액을 상환하여야 합니다.

제6장

아파트의 권속증이 아직 발부되지 않은 아파트를 다른 사람에게 소유권을 이전하기 위해 매매 계약을 체결하였을 경우의 계약 효력 여부

1. 사건 전개

건설 중인 아파트 구입

선양시에 거주 중인 우상모는 2008년 3월 13일 선양시 위홍취(于洪區)에 건설 중인 아직 미완공 상태의 아파트를 구입하기로 하고 건설회사 측에 구매 대금을 지불하고 동 아파트를 구입하였습니다.

대금 지불을 완료한 우상모는 건설회사 측의 일정에 따라 2008년 7월 입주를 하였고, 입주민들은 2008년 말까지 아파트 부동산 산권등기증(産權登記證) 수속을 완료할 수 있다고 하였습니다.

그런데 그 해 7월 우상모가 동 아파트에 입주를 마친 후 다른 대형 건축 회사의 투자가 동 지역까지 확대되면서 지역 아파트 가격이 지속 상승할 것이라는 입소문이 다른 사람들 사이에 퍼지기 시작하였고 모상우 또한 아파트를 잘 구입하였다고 생각하였습니다. 그러던 어느 날 부동산 중개업소는 우상모를 찾아와 아파트를 재판매하여 이익을 남길 것을 권고하였습니다.

우상모는 부동산 중개회사를 통해 우상모의 아파트를 구입하고자 하는 지민박을 소개 받게 되었고, 방옥소유권증이 발급되기 한 달 전인 2008년 11월 20일 지민박은 우상모가 구입한 가격보다 높은 가격의 구매 의사를 밝혔는 바, 여러 이유로 인해 현금이 급했던 우상모는 지민박이 제시한 판매가격에 합의하고 양측은 방옥매매합동(房屋賣買合同)을 체결하였습니다.

아파트 소유권증이 발부 전의 매매계약

양측의 계약서 약정 내용 중에는 우상모가 동 아파트를 지민박에게 100만 위안에 판매한다고 하는 내용을 명시하였는 바, 동 가격은 우상모가 구입한 가격보다 20만 위안이 높은 가격이었습니다.

그런데 문제는 방옥소유권증이 아직 우상모에게 발급되지 않은 것이 문제였습니다. 따라서 양측은 계약 내용에 방옥소유권증에 관한 내용을 첨부할 수밖에 없었는데, 양측이 별도의 용지에 합의 한 내용은 다음과 같았습니다.

첫째, 계약 현재 시점에 우상모는 동 아파트의 방옥소유권증(房屋所有權證)을 취득하지 못하였으나, 건설회사측과의 협의 내용에 따르면 우상모는 2008년 말까지 방옥소유권증의 수속을 완료하고 방옥소유권증을 수령 받을 것으로 예상되는 바, 우상모는 방옥소유권증의 발부 완료시기까지 기다렸다가, 방옥소유권증의 수속이 완료되면 우상모와 지민박 양측은 소유권 수속을 다시 시작하기로 하며, 우상모는 지민박에게 소유권 이전을 진행하기로 하였습니다.

둘째, 쌍방이 계약서에 서명한 2008년 11월 20일 시점을 계약 체결 시점으로 보고, 동 일시부터 양측간의 매매계약은 유효한 것으로 하였습니다.

셋째, 우상모와 지민박 양측 모두는 계약체결 이후 발생하는 동 아파트 가격의 상승 또는 하락 여부와 관계없이 본 매매 계약과 매매 내용을 후회 없이 준수하였습니다.

마지막으로, 만약 본 매매 계약서상 포함된 약정 내용을 어느 일방이 지키지 않으면, 약정을 지키지 않은 일방은 동 아파트의 매매가 중 10%에 해당하는 금액, 즉 10만 위안을 상대방에게 위약금으로 지불한다는 내용을 담고 있었습니다.

이후 우상모가 방옥소유권증을 수령하기 전인 11월 20일 양측은 상기 내용을 중심으로 계약을 체결하였고, 2008년 12월 30일 지민박은 우상모에게 최초 불입금을 지불하기로 하였습니다.

계약 내용의 불이행

우상모가 아파트에 입주한지 6개월이 조금 지나지 않아, 12월 20일 마침내 우상모는 동 아파트에 대한 소유 인증문서인 방옥소유권증(房屋所有權證)을 수령 받았습니다.

그런데 우상모와 지민박 간의 계약 체결 이후 동 아파트의 주변 지가가 오히려 하락하기 시작하였고, 이에 수익을 예상할 수 없게 되자, 지민박은 아파트 구입을 위한 구매 선금을 우상모에게 지불하지 않았고, 양측이 합의한 내용을 이행하지 않았습니다.

지민박은 더 나아가 양측 간 아파트 매매 계약 체결 시점에 우상모는 방옥소유권증(房屋所有權證)을 소유하지 않았고, 아파트에 대한 법적 소유권이 없는 우상모가 체결한 계약이기 때문에 양측의 계약은 처음부터 성립될 수 없는 계약이며, 동 계약은 법적 효력이 없는 무효 계약인 바, 위약금 10만 위안을 지불할 수 없음은 물론 계약의 해지를 요청하였습니다.

그러나 우상모는 양측 간 합의된 계약 체결 내용을 근거로 아파트 가격의 10%에 해당하는 10만 위안을 지민박이 우상모에게 지불하여야 한다고 요구하고 있습니다.

관계 법률 조항

도시방지산관리법 제38조

- (주택 매매가 불가한 경우) 아래의 방지산은 매매(轉讓, 전양)할 수 없다.
  1. 출양(出讓) 방식으로 취득한 토지의 사용권이 도시방지산관리법 39조의 규정에 부합되지 않을 경우
  2. 법에 근거하여 사법기관 및 행정기관에 재정(裁定), 차압 봉인 결정이 되어있거나, 기타 형식으로 방지산의 권리가 제한되어 있는 경우
  3. 법에 의해 토지사용권이 회수된 방지산
  4. 여러 명 소유의 공유방지산 중 공유 소유인들의 서면 동의를 취득하지 못한 경우
  5. 소유권에 관해 분쟁이 진행 중인 방지산
  6. 법적 등기가 되어 있지 않아 토지소유권에 관한 증서를 취득하지 못한 경우
  7. 법률 및 행정 법규에 의해 전양이 금지되어 있는 경우

물권법 제15조

- (계약 효력의 시작) 부동산 물권의 계약에 관해 해당 당사자 간의 체결한 설립, 변경, 전양과 소멸 등의 계약은 법률이 정하거나 또는 별도의 계약에 의한 약정이 있는 경우를 제외하고는 계약 성립으로부터 계약에 관한 효력이 발생하다.
- 물권의 등기 여부는 계약의 효력 발생에 영향을 미치지 않는다.

2. 질문 요약

소유권 이전 완료 전의 계약 파기 요구)

건설 중인 아파트 구입 후 방옥소유권증을 수속 중이던 아파트 소유주가 방옥소유권증이 나오기 전에 제3자와 아파트 매매를 위해 계약서를 체결하였습니다. 그러나 일정한 시간이 지나 아파트 구매의향자는 마음이 변하여 구매를 희망하지 않게 되었고, 방옥소유권증이 발급되기 전에 체결된 계약이기 때문에 무효이며, 계약 불이행에 따른 위약금을 지불할 수 없다고 합니다.

이러한 경우 매매 계약의 효력이 발생할 수 없는 것입니까?

3. 법리적 접근 – 박 박사님 답변

계약의 유무효 여부에 대하여

우상모와 지민박이 계약한 방옥매매합동(房屋賣買合同) 내용 중에는 계약 후 일정한 시간이 지난 후에 우상모가 방옥소유권증(房屋所有權證)을 취득할 수 있다고 하는 사실과 방옥소유권증이 우상모에게 발급된 이후, 절차에 따라 지민박에게 소유권 이전에 관한 행위를 진행한다고 하는 내용을 명확히 밝히고 있습니다.

양측 모두는 우상모가 방옥소유권증을 소지하고 있지 않았으며, 적의(適宜)의 과정과 시간을 통해 방옥소유권증이 국가로부터 적법하게 발부될 수 있다고 하는 예측 가능의 전제하에서 계약을 체결하습니다.

즉, 모든 상황들은 양측이 예정하고 준비한 상황에 따라 적법하게 진행이 된 것이며, 예정일시에 적법한 절차에 따라 방옥소유권증이 발급되었는 바, 두 사람의 약정이 파기될 수 있는 다른 상황은 발생하지 않았습니다.

따라서 본 안은 아파트 소유권의 이전 가능 여부가 아니라, 계약의 유무효 관점에서 바라보는 것이 매우 중요하다고 할 것입니다.

중국 물권법 제15조는 해당 당사자 간에 체결한 설립, 변경, 전양(양도)과 소멸 등 부동산 물권의 계약은 법률이 정하거나 또는 별도의 계약에 의한 약정이 있는 경우를 제외하고는 계약 성립의 시점부터 계약에 관한 효력이 발생하며, 물권의 등기 여부는 계약의 효력의 발생에 영향을 미치지 않는다고 규정하고 있습니다.

본 안에서 지민박은 계약 내용과는 상관이 없는 이유로 계약서상의 내용을 받아들이지 않고 있으며, 본인의 독단적 사유로 인해 양측 간 계약 내용을 이행하지 않았는 바, 지민박의 위약행위는 계약 내용 이행 불가의 원인이 되었고, 이는 약속 이행에 관한 위약행위에 해당한다고 할 것입니다.

따라서 양측이 작성한 매매 계약은 부동산의 물권에 관한 정상적 유효 계약으로 보아야 할 것이며, 계약의 불이행으로 인해 계약을 파기시킨 지민박에게 책임이 있는 바, 양측 합의하에 작성된 계약내용에 따라 지민박은 우상모에게 위약금을 지불하여야 할 것입니다.

소유권 이전 가능 여부에 대하여

도시방지산관리법 제38조 6항은 법률에 따라 권속증서(權屬證書, 방지산소유권증)를 미 취득한 아파트는 타인에게 양도할 수 없다고 규정하고 있습니다.

이는 방지산소유권증이 없는 아파트를 제3자에게 거래하는 것을 방지하는 법률임과 동시에 국가에 등기가 되어 있지 않은 부동산에 대해 국가 행정기관에서 제3자에게 소유권 이전을 할 수 없다고 하는 의미로, 양측이 매매 계약을 체결할 경우에는 반드시 계약서를 통해 별도의 조항들이 첨부되어야 할 것입니다.

즉, 방옥소유권증서를 취득한 아파트에 관해서만 소유권 이전을 할 수 있다고 하는 내용은 양측의 진실된 매매 계약의 의사를 확인하는 것이며, 이를 통해 양측은 계약서상의 상세 내용을 통해 법률적 효력을 인정받을 수 있을 것입니다. 따라서 양측이 체결한 매매 계약은 법률적 효력이 있다고 보여지며, 여기서 체결된 계약내용은 중국 계약법(합동법)의 정신에 부합하다고 할 것입니다.

단, 도시방지산관리법에서는 등기하여 취득하지 않은 권속증서의 방지산은 이전할 수 없다고 명확히 표기하고 있는 바, 산권증(産權證)이 없는 아파트의 매매는 분명한 위험성을 내포하고 있다고 보아야 할 것입니다.

왜냐하면, 소유권을 이전하지 않았다고 하는 의미는 소유권이 여러 사유로 인해 여전히 원래의 주인에게 있다고 하는 의미이며, 아파트를 판매하는 일방이 다자에게 아파트 판매를 위한 계약을 체결할 수도 있기 때문입니다. 이러한 사유는 매매계약 자체가 무효가 될 수 있는 바, 매매 양측 모두는 반드시 자신의 권익을 위해 방옥소유권증서 확인 후에 매매 계약을 하여야 할 것입니다.

또한 상기의 경우와 같이 정상적으로 계약이 체결되었다 하더라도 여러 사유로 인해 방옥산권증서를 취득하지 못했을 경우에는 양측이 체결한 아파트 매매 계약은 무효가 되는 바, 계약 체결 전 반드시 방옥산증서의 유무여부, 소유인 등에 관해 확인하여야 할 것입니다.

제7장

아파트를 증여하기로 하고 증여계약(Contract of gift)을 체결하였으나, 소유권을 수증인(受贈人)에게 이전하기 전에 증여인(贈與人)이 증여의사를 취소한 증여계약의 효력 여부

1. 사건 전개

증여계약의 체결

왕파메이(王發美, 왕발미)는 랴오닝대학 중문학과 교수 출신으로 금년에 나이가 70살입니다. 왕파메이는 젊은 시절 남편과 사별하고 자녀없이 랴오닝대학 퇴직 후 선양에서 생활을 하고 있었습니다.

한중미는 랴오닝대학 유학생 출신의 한국인으로 왕파메이 교수로부터 중문학을 배우고 선양의 우수한 직장에 취직하여 안정적인 중국 생활을 하고 있었으며, 졸업 후에도 중국어 등과 관련하여 왕파메이 선생님께 많은 도움을 받다 보니 두 사람은

특별한 관계로 발전을 하였습니다.

이에 왕파메이는 교수 시절부터 특별히 아끼던 한중미를 친 딸처럼 보살폈고, 한중미는 든든한 중국 후원자인 왕파메이 덕택에 중국 생활에 큰 불편함을 느끼지 않고 생활할 수 있었습니다.

그러던 어느 날 왕파메이는 한중미에게 자신은 남편도 자녀도 없는 혼자이니 한중미가 자신의 수양딸이 되어 자신과 한 가족이 되는 것을 제의하였고, 십 수 년을 존경의 마음으로 선생님을 모시던 한중미는 왕파메이의 수양녀(收養女)가 되기로 하였습니다.

그리고 왕파메이는 2007년 선양시의 신도시인 혼난구(渾南區)에 아파트 한 채를 구입 하였는데, 수양녀로 맞이한 한중미의 효성이 너무도 깊고 시간을 내가며 왕파메이를 대하는 공경의 마음이 너무도 갸륵하여, 왕파메이는 혼난구에 구매한 아파트를 한중미에게 2008년 8월에 증여하기로 하였습니다.

증여계약 이행 전의 불의사고

이에, 왕파메이와 한중미 두 사람은 아파트 소유주 왕파메이가 수양녀 한중미에게 동 아파트를 증여한다고 하는 내용의 증여계약서를 체결하였고, 두 사람 간 체결한 증여계약서는 한중미가 보관하고 있다가, 적당한 시간에 소유권 이전을 이행하기로 하였습니다.

아파트 증여계약 때문은 아니겠지만, 증여계약 작성 이후 두 수양가족의 정감은 더욱 깊어지게 되었고, 증여계약서 체결 후 급할 것이 없었던 두 사람은 소유권 이전에 관해 의사만 확인한 채 소유권 이전은 차일피일 미루고 있었습니다. 그리고 왕파메이는 증여계약을 체결한 훈난구의 아파트에서 거주를 하였습니다.

그런데 2009년 5월 한중미가 중국에서 불의(不意)의 교통사로로 그만 사망을 하고 말았습니다.

유가족의 증여계약 이행 요구

한중미의 사망 소식을 듣고 놀라 한국에서 중국으로 들어온 한중미의 가족들은 한중미의 유품을 정리하는 과정에서 왕파메이와 한중미가 아파트 증여에 관해 작성한 계약서를 발견하게 되었습니다.

유가족들은 왕파메이에게 증여계약에 관한 내용을 확인한 결과 동 증여계약서는 왕파메이와 한중미 양측이 합의하에 작성된 계약서라고 하는 사실을 확인하게 되었고, 유가족은 한파메이에게 증여계약서에 의거한 아파트의 증여를 요구 하였습니다.

그러나 왕파메이는 한중미가 이미 불의의 사고로 사망을 하였고, 본인도 경제 능력이 충분치 않아 동 아파트를 증여할 생각이 없었졌는 바, 아파트를 증여할 생각도 없고, 증여할 필요도 없다고 유가족들에게 설명하였습니다.

그러자 한중미의 유가족은 한중미가 사망 전에 왕파메이와 체결한 명백한 계약서가 남아 있고, 한중미는 사망 전까지 왕파메이의 수양녀 자격으로 효성을 다해 왕파메이를 봉양하였는바, 계약서상의 내용에 따라 아파트를 한중미에게 증여하여야 하고, 한중미가 사망하였으니, 한중미의 유가족들에게 동 아파트를 증여하여야 한다고 요구하였습니다.

관계 법률 조항

▸ **계약법(합동법) 제185조**

○ 증여계약은 증여인(贈與人)이 당사자의 재산을 무상으로 수증인에게 재산의 권리를 부여(賦與)하는 것으로(재산을 주는 것으로)

▸ **계약법(합동법) 제186조**

○ (증여 취소 의사) 증여인(贈與人)은 증여하고자 하는 재산의 권리를 수증인(受贈人)에게 넘기기 전에 증여를 취소할 수 있다.

○ 이재민, 빈곤구재 등의 사회 공익, 도덕적 의무성격의 증여계약 또는 공증을 거친 증여 계약은 본 규정을 적용받지 않는다.

▸ **계약법(합동법) 제187조**

○ 등기 등의 절차를 필요로 하는 증여재산은 법이 정하는 바에 따라 응당 그에 해당하는 유간 수속 절차를 거쳐야 한다.

▶ **계약법(합동법) 제188조**

○ 이재민, 빈곤구재 등의 사회 공익, 도덕적 의무성격의 증여계약 또는 공증을 거친 증여 계약은 증여인(贈與人)이 증여의 재산을 인도하지 않을 경우, 수증인(受贈人)은 이에 대한 증여재산의 인도를 요구할 수 있다.

2. 질문 요약

증여계약 후 수증인이 사망했는데, 증여계약 내용을 이행해야 하나요?

아파트의 증여계약을 작성하였으나, 아파트에 관한 소유권을 이전하기 전에 수증인이 사망하였고, 사망 후 증여인은 증여 취소의 의사를 명확히 하였습니다.

그러나 수증인의 가족들은 증여 계약을 근거로 사망자 대신 유가족에게 증여의 약속을 지키라고 하고 있습니다. 증여인은 증여를 이행하여야 할까요?

3. 법리적 접근 – 박 박사님 답변

무상 증여계약

증여계약은 전형적인 무상(無償)계약으로 당사자 간 일방이 무상으로 상대방에게 재산을 준다고 하는 의사표시를 하고, 상대방이 그것을 승낙함으로서 성립되는 민사 계약입니다.

증여인은 부의무증여(附義務贈與)와 같은 특별한 경우를 제외하고는 증여의 권리가 주어지며, 증여의 의무(義務)는 부여되지 않습니다.

이에 증여의 완료 시점은 증여 재산을 법적 절차에 따라 이전을 완료한 시점으로 보고 있고, 증여인은 증여물의 권리를 이전하기 전에 증여 의사를 취소할 수 있으며, 증여계약 체결 후 중간 과정에서 밝힌 이러한 취소 의사와 관련하여 책임을 지지 않는 것이 일반적인 법리적 해석입니다.

따라서 증여를 받는 사람, 즉 수증인은 증여가 법적으로 완료되는 시점까지 증여에 관한 불명확성을 감수하여야만 합니다.

본 안에서 왕파메이가 한중미와 증여계약을 체결하고 계약서상에 양측이 수결을 함으로써 거주 중인 본 아파트를 한중미에게 증여하겠다고 하는 본인의 의사를 밝힌 것은 명백한 사실입니다. 그러나, 소유권 이전 수속이 실질적으로 실행되지 않아, 동 아파트의 소유권이 여전히 왕파메이에게 있다는 사실이 본 안의 가장 중요 관건이 됩니다.

중국 계약법(합동법) 제186조는 증여인(贈與人)이 증여하고자 하는 재산의 권리를 수증인(受贈人)에게 넘기기 전에 증여를 취소할 수 있다고 규정하고 있습니다.

왕파메이와 한중미가 증여계약을 체결하였으나, 증여하고자 했던 아파트가 증여 취소 의사를 밝히는 현재 시점에 왕파메이는 여전히 그 방에 거주하였으며, 한중미에게 소유권 이전이 실행되지 않았습니다.

아파트에 관한 소유권은 소유권 이전 과정과 방옥소유권에 관한 절차가 종료되는 시점에 권리의 이전이 완성될 수 있기 때문에, 그 전(前) 과정에서 증여인은 증여의사를 취소하고, 본 아파트를 다시 회수할 수 있습니다.

그리고 계약법(합동법)에 따라 증여 재산을 이전하기 전에 아파트의 증여 의사를 취소한 왕파메이의 행위는 위법 행위에 해당하지 않을 것입니다.

따라서 한중미의 유가족은 한중미가 생전(生前)에 왕파메이와 작성한 증여계약을 근거로 증여하고자 했던 증여의 실행을 요구할 수 없습니다.

의무가 포함된 부의무 증여

증여계약 중에는 상기의 경우와는 성격이 다른 부의무증여도 있습니다.

부의무증여(附義務贈與, 부담부증여, an onerous gift)란 수증자가 증여를 받음과 동시에 증여자 또는 제3자에게 어떠한 급부(給付)를 부담으로 하는 부관(附款)을 갖는 증여로 증여를 받는 사람에게는 일정한 의무가 함께 주어지게 됩니다.

부의무증여는 이재민, 빈곤 구재 등 사회적 공익을 위한 증여 및 수증인의 의무를 전제로 체결된 증여계약인 바, 본 안과 같이 아파트를 수증인에게 증여하는 경우와는 서로 다른 증여의 성격을 띠고 있습니다.

자선, 교육, 문화, 학술 등 특수한 목적성을 갖고 있는 증여가 부의무 증여(부담부 증여)에 해당하며, 이러한 경우에는 증여인과 수증인 양측이 중국 공증처에서 증여 내용에 관해 공증을 받은 후 공증 자료를 함께 보관하게 되면, 경우에 따라 증여인에게 증여 실행 요구 및 법적 보호를 받을 수 있습니다.

제8장

부동산 중개회사와 먼저 계약을 하였으나, 매매 당사자 간 합의 내용의 불일치로 최종 계약이 성사(成事)되지 않은 경우, 구매의 사자가 부동산 중개회사 측에 지불해야 하는 위약금에 관한 문제

1. 사건 전개

구매의사자와 중개인 간의 계약

중국 선양시의 파차이(發財) 부동산 중개회사는 아파트 판매자의 위임을 받아 훈허구(渾河區) 허판신청(河畔新城) 단지 내 아파트 한 채를 매매한다고 하는 문구를 부동산 중개 사무실 앞에 걸어놓았습니다.

학군도 좋고, 지역 발전 가능성이 높아 평소 이 지역의 생활권에 관심이 많았던 지민박은 파차이 부동산 중개회사에 걸린 광고 문구를 보고 중개 회사를 찾아가 상담을 한 후 시가보다 많이 낮은 100만 위안에 아파트를 구매하기로 결정했습니다.

지민박은 부동산 중개회사와 아파트 매매 중개 계약(방지산 매매거간합동, 房地産賣買居間合同)을 함께 작성하였고, 계약 내용 중에는 △아파트 인수 시기, △소유권 수속 변경 절차, △대금 지불 방식 등의 상세 내용을 포함하였으며, 본인의 이름을 직접 서명하였습니다.

그리고 그 중에서 가장 중요한 아파트 대금의 지불 방식은 지민박이 지금까지 회사를 다니며 **주방공적금(住房公積金)**을 지불해 왔기 때문에, 주방공적금 대출 방식으로 아파트 구매 대금을 지불하기로 하였고, 판매 측인 집주인은 이에 협조한다고 하는 내용을 계약서상에 첨부하였습니다.

지민박은 또한 중개회사 측이 제공한 별도의 표준계약 조항에 이후 지민박이 양측 계약 파기의 원인을 제공하게 되면 지민박은 중개회사 측에 아파트 계약 가격의 2.5%(25,000 위안)를 위약금으로 지불하기로 한다고 하는 내용도 첨부하였습니다. 그리고 5만 위안의 계약금을 지불하고 부동산 회사와 계약을 마쳤습니다.

매매 당사자 간의 계약 내용 미합의

그렇게 며칠 후 지민박은 집주인을 직접 만나 아파트매매 계약을 최종적으로 완성하고자 하였는데, 매매 양측이 직접만난 자리에서 집주인 우상모는 지민박의 대금 지불 방식인 주방공적금(住房公積金) 대출 방식에 문제를 제기하였습니다.

집주인은 현금 유통이 급해 시중 가격보다 낮게 아파트를 부동산 시장에 내놓은 것인데, 구매자가 주방공적금 대출 방식을 통해 아파트 매매가격을 지불하게 되면 지불 시간이 너무 늦어지기 때문에 지민박의 지불 방식에 동의할 수 없다는 것이었습니다.

지민박과 부동산 중개 회사는 아파트 소유자에게 전후 상황을 설명하고 최선을 다해 빠른 시간내에 주방공적금 대출이 이루어질 수 있도록 하겠다고 누차 강조 하였으나, 집주인 우상모는 끝내 아파트 매매 금액의 지불 방법에 동의할 수 없다며 계약서에 서명 하지 않았고, 파차이(發財) 중개 회사를 통한 지민박과 아파트 주인과의 매매 계약은 성사되지 못하였습니다.

◆ 중개회사 측의 위약금 요구

부동산 중개 회사는 지민박 측에 주방공적금 대출 방식 외의 다른 지불 방식을 권하였으나 지민박은 주방공적금을 통한 대출 방식을 바꿀 수 없었고, 판매자인 우상모에게도 주방공적금 대출을 통한 안정성을 여러 번 설명 하였으나 현금 유통이 급한 집주인이 이에 동의하지 않자, 양측은 이를 받아들이지 못하였고, 끝내 계약이 성사되지 못하게 된 것입니다.

그런데, 계약이 최종적으로 성사되지 않자 부동산 중개회사 측은 지민박으로 인해 계약이 성사되지 못했다며, 첨부된 표준계약조항의 위약 내용에 따라, 지민박이 부동산 중개회사 측에 위약금 25,000 위안을 지불하여야 한다고 문제 제기를 하였습니다.

관계 법률 조항

▸ **계약법(합동법) 제6조**

○ (성실신용의 원칙) 행위 당사자가 자신의 권리와 의무를 이행할 경우, 당사자는 반드시 성실신용의 원칙(誠實信用原則)을 준수하여야 한다.

▸ **계약법(합동법) 제40조**

○ (표준계약조항의 무효 범위) 계약법(합동법) 제52조와 제53조의 정황 하에 계약된 표준계약조항(격식조관, 格式條款)은 무효로 한다.

○ 표준계약조항 내용 중 표준계약조항을 제공한 자가 본인의 책임을 면책받기위해 제공한 내용, 상대방에게 책임을 가중 시키는 내용, 상대방의 주요 권리를 배제한 내용의 표준계약조항은 그 조항의 내용을 무효로 한다.

▸ **계약법(합동법) 제52조**

○ (계약의 무효) 아래의 경우 중 하나에 해당하는 계약은 무효이다.

(一) 계약 당사자 중 어느 일방이 사기, 협박의 수단을 통해 계약을 체결하고, 계약이 국가이익에 반하는 경우

(二) 악의적으로 서로 공모 결탁하여 국가, 집체(집단, 조직) 또는 제3자의 이익에 손해를 입히는 경우

(三) 합법적 형식을 통해 불법 목적의 행위를 감춰 덮으려 한 경우

(四) 사회의 공공이익을 해하는 경우

(五) 법률, 행정법규의 강제규정에 위반된 경우

▸ 계약법(합동법) 제53조

ㅇ (면책조항의 무효) 계약상에 있어 아래의 경우에 해당하는 면책조항 (escape clause)은 무효이다.

(一) 계약 상대방의 인신(人身)을 상해(傷害)한 경우

(二) 고의(故意) 또는 중대과실로 인해 계약 상대방의 재산상 손해를 유발하였을 경우

▸ 계약법(합동법) 제61조

ㅇ (계약 이행에 따른 보수 지불) 계약 효력 발생 후 계약의 품질(만족도, 질량), 가격, 중개인의 보수, 계약 이행장소 등에 관한 계약 당사자들 간의 내용이 없거나 약정 내용이 불명확할 경우에는 당사자 간 협의에 의해 이를 보충할 수 있다.

- 만약, 보충협의를 통해서도 의견이 일치되지 않을 경우에는 계약상의 유관 조항 또는 교역의 전통과 관습에 따라 이를 확정한다.

▸ 계약법(합동법) 제426조

ㅇ (부동산 중개인의 보수 지불) 중개인(거간인, 居間人)에 의해 계약이 성립되었을 경우 위탁인은 응당 중개인(거간인)에게 사전 약정 내용에 따른 보수(報酬)를 지불하여야 한다.

- 만약, 중개인의 보수에 관한 사전약정이 없거나 또는 지불하여야 할 금액이 불명확 할 경우에는 계약법(합동법) 제61조에 근거하여 지불하고, 그럼에도 불구하고 여전히 지불 금액이 명확하지 않을 경우에는 중개인의 노동 가치를 합리적인 범위에서 확정하여 지불한다.
- 중개인이 제공한 서비스로 인해 또는 이를 매개로 계약이 성사되었을 경우, 중개인에 대한 보수는 계약 당사자들이 평균적으로 나누어 부담한다.

2. 질문 요약

❖ 계약이 성사되지 않은 경우 중개인에게 위약금을 지불해야 하나?

표준계약조항에 구매자의 원인으로 인해 계약이 성사되지 않을 경우에는 위약금을 지불한다고 하는 내용을 첨부하였으나, 동시에 아파트 구매 대금 지불 방식에 관해서도 분명히 명기하였습니다.

판매자(집주인) 측이 매매금 지불 방식에 동의하지 않아 아파트 거래가 성사되지 않았는데, 부동산 중개 회사는 구매자 측의 원인으로 인해 최종 계약이 성사되지 않았다며 위약금을 요청하고 있습니다. 위약금을 지불하여야 할까요?

3. 법리적 접근 – 박 박사님 답변

❖ 일방의 표준계약조항 제공

본 사안에서 가장 중요한 부분은 구매자와 판매자간의 계약이 성사되지 않은 원인과 구매자가 표준계약조항에 위약금을 지불한다고 하는 내용을 어떠한 과정으로 작성하게 되었는지 입니다.

먼저 계약이 성사되지 않은 원인부터 찾아보도록 합시다. 지민박과 부동산 중개회사가 계약을 체결한 것은 사실이나 아파트 매매를 위임한 판매자가 최종적으로 계약 내용에 동의하지 않고 계약서에 서명을 하지 않았기 때문에 계약이 성사되지 않은 것입니다.

즉, 구매자(지민박)가 중개회사와 간의 계약은 판매자(우상모)의 의사가 반영된 합의 계약이 아니고, 구매자와 중개인이 체결한 불완전한 계약이며, 부동산 중개회사 측이 판매자의 판매 조건을 정확하게 파악하지 않았기 때문에 최종 계약을 성사시키지 못하게 된 바, 그 원인은 지민박 측이 아니라 부동산 중개회사 측 있다고 할 수 있을 것입니다.

다음은 위약금 지불에 관한 조항인데, 구매자와 중개회사 간에 첨부된 조항은 판매자의 동의하에 진행된 조항이 아니라, 일방적으로 중개회사 측이 제공한 표준계약조항입니다.

비록 구매자도 표준계약조항에 동의를 하기는 하였으나, 중개회사는 구매자 측에 표준계약조항(격식조관, 格式條款)을 제공함과 동시에 계약 위치의 일방적 우월 위치를 유지하게 되었습니다. 따라서 표준계약이 어떠한 의도로 제공되었는지를 살펴보는 것이 매우 중요한 내용입니다.

즉, 구매자와 중개회사 간 작성된 아파트 매매 협의(방지산매매거간협의, 房地産賣買居間協議)는 계약 조항을 당사자 한쪽이 먼저 작성하여 제공한 표준계약(격식조관, 格式條款)으로, 내용은 모두 부동산 중개회사 측에 유리하도록 작성되어 있습니다.

본 안건에서 구매자가 표준계약조항의 내용을 이해하고 구매자의 위약금 지불 내용이 포함되어 있는 계약에 동의한 것은 사실입니다. 그리고 별도의 조항을 첨부하여 주방공적금 대출 방식으로 대금을 지불한다고 하는 내용을 포함한 것 또한 사실입니다.

문제는 계약과정에서 동 내용이 첨부된 과정과 의도입니다. 구매자(지민박)가 위약 시 25,000 위안의 위약금을 지불하도록 한 내용은 중개회사 측이 부동산 매매 시장을 경험하면서 얻은 위험 발생 가능성의 책임적 요소를 일방적으로 구매자 측에 전가(轉嫁) 시키는 의도가 강하게 나타납니다.

또한 중개회사 측이 구매자 측에 표준매매 계약을 일방적으로 제공함으로써 구매자는 표준 조항에 의해 매매 양측이 직접 협상할 수 있는 권리를 사전에 박탈당하는 결과를 얻게 된 바, 중개공사는 판매자의 의사와 관계없이 표준계약 조항을 통해 매매가 성사되지 않을 경우를 고려하여 그 책임을 구매자 측에 가중 시켰다고 여겨집니다.

게다가, 표준 조항 내용 중에는 계약의 최종 성사여부에 관계없이 위약금을 지불하도록 하는 내용을 포함하여 중개인 측에 일방적으로 유리한 위치를 선정하도록 작성되었습니다.

이러한 내용은 중개회사 측이 책임을 면하고, 상대방에게 일방적인 책임을 가중시키기 위한 의도로, 만약 계약이 성사되지 않을 경우 일방(一方)에서만 모든 책임을 져야하는 결과를 예상할 수 있으며, 계약서 작성과 동시에 구매자와 판매자는 기본 권리를 빼앗기게 되는 구조가 만들어지게 됩니다.

중국 계약법(합동법) 제40조는 본 사안과 같이 한 측에게 일방적으로 유리하도록 작성된 표준계약으로 인해 야기될 수 있는 소비자의 권리침해를 방지하기 위해, 표준계약을 제공한 자가 표준계약에 △본인의 책임을 면책 받기 위한 목적의 조항, △상대방에게 일방적으로 책임을 가중 시키는 조항, △상대방의 주요 권리를 배제한 조항을 포함하였을 경우에는 표준계약 조항 내용을 무효로 규정하고 있습니다.

계약법(합동법)에 따른 소비자 권익보호와 표준계약 무효

중국 계약법(합동법)은 계약 당사자 간의 계약이 평등 관계에서 진행될 수 있도록 유도하고, 시장을 잘 이해하지 못하고 있는 소비자들을 보호하기 위해 비록 표준조항에 포함된 내용이라 하더라도 소비자가 그 문제를 정확히 이해하지 못하였거나, 시장의 변화를 충분히 알고 있는 기업이나 조직이 자신의 우월적 위치를 이용하여 일방적으로 소비자의 기본 권리를 박탈하는 구조, 즉 표준계약조항 제공자 측이 일방적으로 유리하도록 한 구조를 조성하였을 경우에는 조항의 무효화를 통해 소비자의 권익을 보호하고 있습니다.

더 나아가 중국 계약법(합동법) 제426조는 중개인(거간인, 居間人)측이 계약 성립에 촉진적 역할(facilitator role) 을 하였을 경우에만 보수를 받을 수 있다고 명백히 규정하고 있습니다.

동 사안에서 작성된 계약은 구매의도자와 중개인 간의 제한 계약이었기 때문에 중개인은 최종 계약 성립에 촉진적 역할을 하지 못한 바, 계약 결과에 따른 보수를 주장할 수 없고, 계약서 상의 위약 내용 또한 주장할 수 없습니다.

따라서 본 사안은 중국 계약법(합동법) 제40조, 제426조 등에 근거하여 구매 의사자가 계약을 위약(違約)하였다고 볼 수 없으며, 구매 의사자는 부동산 중개 회사측에 위약금을 지불할 책임이 없습니다.

중개회사 측에 비용 지불

중개회사는 매매 양측의 계약을 진행하는 과정에서 최선을 다하여야 하고, 매매 위임자들의 권익을 최대한 보호하여야 하며, 중개 과정을 매매인들에게 상세히 보고하여야 할 의무를 지게 됩니다.

그러나 매매 결과는 중개회사가 결정할 수 있는 것이 아니고, 매매 당사자 간의 최종 합의를 통해 결정되는 것이기 때문에 중개회사가 비록 판매자로부터 위임을 받았다고 하더라도 계약 성사 여부의 불명확성은 존재할 수밖에 없을 것입니다.

즉, 중개회사측이 **성실신용의 원칙(誠實信用原則)** 하에 중개 역할을 추진하였음에도 불구하고 계약이 성사되지 않았을 경우, 중개료에 관한 문제가 발생할 수 있으며, 매매 과정 중에 중개회사가 제공하는 △정보 공급, △현장 확인, △부동산 매매 법률, △협상 진행 등의 서비스 업무가 이에 해당합니다.

이러한 서비스 비용은 매매 성사 후 지불되는 보수와는 다른 개념으로, 사전에 정해져 있으며, 계약 성사 후 지불하는 금액에 비해 일반적으로 상당히 낮게 측정되어 있습니다.

따라서, 본 사안의 경우 문제가 제기된 위약금 25,000 위안은 계약법(합동법)의 표준계약조항에 의해 보호를 받을 수 있을 것이나 부동산 중개회사 측의 서비스 제공에 관한 비용은 별도의 약정 내용에 따라 지불하여야 할 것입니다.

용어정의

성실신용의 원칙(誠實信用原則)

- 중국의 성실신용원칙은 중국 현대법치(現代法治)의 기본적인 도덕준칙(道德準則)이자 기본법률(基本法律)로, 민사(民事) 주체 간의 구체적 권리와 의무를 직접적으로 제한하지는 않으나 민사입법의 법률 가치를 추구하는 고도(高度)의 추상적(抽象的) 원칙이며, △보충성(법률관계의 내부적 보완), △불명확성(법률의 구체적 규정 보완), △형평성(부여 권한의 균형적 사용)의 특징을 갖는다.
- 중국 민법통칙(民法通則) 제4조 및 계약법(합동법, 合同法) 제6조 등에서는 성실신용의 원칙에 따른 권리와 의무의 이행(履行)을 규정하고 있다.

4. 중국 부동산 용어 해설

▶ **주방공적금(住房公積金) 제도**

- 중국 주택건설부(住房和城鄉建設部)와 재정부(財政部)가 국가 법률에 따라 시행하는 도시 근로자 대상의 강제성 주택 사회보장 제도로 국가기관, 기업(외자 기업 포함) 및 사회단체 기관의 고용주와 근로자는 매월 동일 비율(월급의 5%~12% 범위)의 주방공적금을 월급에서 공제하여 주방공적금관리중심(住房公積金管理中心)에 적립한다.
- 주방공적금관리중심이 적립 자금을 관리하며 가입 근로자는 주택과 관련한 용도(구입, 건축, 개축, 수리 등) 목적의 자금이 필요할 경우 주방공적금 대출을 신청할 수 있고, 복리(福利)를 목적으로 하고 있기 때문에 일반 은행보다 대출 금리가 낮아, 근로자들이 주택 구입시 주방공적금 대출 제도를 많이 활용하고 있다.
- 정년퇴직, 노동력의 상실, 이민 등의 경우에는 재직 중 적립한 주방공적금을 반환해 주기 때문에 양로, 의료 보험 등의 사회보험과는 차이가 있으나, 미납부시에는 주방공적금센터에서 인민법원에 강제 집행을 신청할 수 있다.

제9장

농촌 토지의 소유권과 매매에 관한 문제

A. 도시호구(戶口) 주민의 농촌지역 주택 및 토지 구입 가능여부

1. 사건 전개

◈ 양측 합의에 의한 농촌주택 구입

선양시내에 거주하는 우상모는 평소 역사에도 관심이 많아 주말이면 주변 지역의 역사 유적지를 자주 찾아 다녔습니다. 그러다가 우상모는 랴오닝성 번시시(本溪市) 환런현(桓仁縣)이 우리 민족의 시원지(始原地)인 고구려(高句麗) 건국지라고 하는 사실을 알게 되었고, 이후 더 많은 관심이 생기면서 환런 지역을 자주 답사하였습니다.

그러던 어느 날 우상모는 중계인의 소개로 환런(桓仁) 어느 농촌 지역의 주택 매매에 관한 정보를 제공 받게 되었고, 평소 농촌에 대한 향수와 고구려 건국지 지역이라고 하는 역사적인 생각이 깊어지면서 우상모는 환런 농가의 집을 구매하기로 결정하였습니다.

2012년 겨울 우상모는 환런현 농촌에 거주하는 토지 소유자인 조선족 한춘정(韓春正) 선생을 만나 한춘정이 농촌에 소유하고 있는 전원주택을 10만 위안에 구입하기로 하였고, 토지 소유주 한춘정이 보여준 집체토지건설용지사용증(集體土地建設用地使用證) 등을 확인한 후 방옥매매계약서(房屋賣買合同書)에 양측이 서명 결재를 하면서 양측이 모두 인정한 유효 계약서를 작성하였습니다.

계약서의 합의 내용에 따라 계약 체결 1개월 후 우상모는 한춘정에게 10만 위안을 일시불로 지불하였고, 한춘정은 집을 비우고 떠남과 동시에 우상모에게 집체토지건설용지사용증(集體土地建設用地使用證)을 전달해 주었습니다.

구매 주택의 미등기

이후 우상모는 옛 고구려 땅에 마련한 주택을 한중 교류 활성화를 위해 활용하기로 마음먹고 주말마다 이곳에 와서 집을 새롭게 개축하고, 내부를 새롭게 장식하여 이제는 오고가는 손님들이 머물러도 될 만큼 과거보다 훨씬 더 가치 있게 변화시켰습니다.

한편, 우상모는 집 등기를 마무리 하지 못해 등기 문제가 마음에 걸려 주위 사람들에게 물어보며 집 등기를 진행하였으나, 어떤 이는 등기가 힘들다며 도무지 이해되지 않는 말들을 하기도 하였으며, 또 어떤 이는 이전 집주인과 매매계약을 완성하였고, 땅문서에 해당하는 집체토지건설용지사용증을 이전 집주인으로부터 전달받아 소지하고 있으니, 아무런 걱정할 것이 없다고 답변하는 사람들도 있었습니다.

그러나 우상모는 한춘정이 건네준 집체토지건설용지사용증이 있어 안심하였고, 도농을 오가는 번거로움에 차일피일(此日彼日)주택 등기를 미루다가 1년이 지났습니다.

원 소유주의 계약 무효 제기

그렇게 1년이 지난 어느 날 원(原) 집주인 한상정은 우상모를 찾아와 양측이 작성한 계약서가 무효이니 한춘정에게 다시 집을 반환해 달라고 하는 참으로 이해하기 힘든 요구를 하였습니다.

이유인 즉, 농촌의 택기지(宅基地)는 농촌호구(農村戶口)가 있는 사람들만 거래할 수 있고, 우상모는 농촌호구가 아닐 뿐 아니라 외국인이기 때문에 한춘정과 우상모 간의 거래는 잘못된 거래이며, 이러한 상황 하에 양측이 거래한 농촌주택 매매에 관한 계약은 모두 무효계약이라는 주장이었습니다.

한편, 우상모는 양측의 합의로 주택 매매계약이 체결되었고, 대금 지불 후 1년이 지났는데, 어떻게 무효 계약이 될 수 있느냐며 주택 반환을 거부하였습니다.

관계 법률 조항

헌법 제10조

○ (국가소유 토지) 도시(城市)의 토지(土地)는 국가소유(國家所有)에 속(屬)한다.

○ (집체소유 토지) 법률이 규정하고 있는 국가소유의 토지를 제외하고, 농촌과 도시 외곽의 토지는 집체소유(集體所有)에 속한다. 택기지(宅基地), 자류지(自留地) 또한 집체소유에 속 한다.

○ 국가는 공공 이익의 수요를 위해 국가 법률규정(法律規定)에 따라 토지를 수용 또는 징용할 수 있으며 이에 따른 보상을 시행한다.

○ 어떠한 조직과 개인도 토지를 점령, 매매할 수 없으며, 어떠한 기타 형식으로도 토지를 불법 출양(出讓)할 수 없다.

- 토지 사용권은 법률(法律)의 규정(規定)에 따라 전량(轉讓)할 수 있다.

○ 토지를 사용하는 일체의 조직과 개인은 반드시 합리적으로 토지를 이용하여야 한다.

토지관리법 제2조

○ (국가소유 토지) 중화인민공화국은 토지의 사회주의공유제(社會主義公有制)를 실행(實行)한다.

- 즉 전민소유제(全民所有制)와 노동군중집체소유제(勞動群衆集體所有制) 이다.

○ 전민소유, 즉 국가소유토지의 소유권은 국무원(國務院)이 국가를 대표하여 행사(行使)한다.

○ 어떠한 단위(單位,회사)나 개인도 토지를 점령, 매매할 수 없으며, 어떠한 기타 형식으로도 토지를 불법 출양(出讓)할 수 없다.

- 토지의 사용권은 법에 따라 전량(轉讓)할 수 있다.

○ 국가는 공공이익(公共利益)의 수요(需要)를 위해 법(法)에 따라 토지를 수용 또는 징용할 수 있으며 이에 따른 보상을 시행한다.

○ (국유토지유상사용) 국가는 법(法)에 따라 국유토지유상사용제도(國有土地有償使用制度)를 시행한다.

- 그러나 국가는 법률규정 범위내의 획발국유토지사용권(劃撥國有土地使用權)은 유상사용제도에서 제외한다.

▸ **토지관리법 제63조**

○ (집체토지의 사용 제한) 농민집체소유의 토지사용권은 비농업건설(非農業建設)에 출양(出讓), 전양(轉讓) 또는 임대할 수 없다. 그러나 토지이용총체규획(土地利用總體規劃) 그리고 법(法)에 의해 취득한 건설용지의 기업 파산(破產), 겸병(兼併) 등이 원인이 되어 토지사용권을 법에 따라 이전한 경우는 제외한다.

▸ **물권법 제59조**

○ 농민집체소유(農民集體所有)의 부동산과 동산은 집체 구성원이 속해 있는 집체의 소유이다.

○ 아래의 사항은 법이 정하는 절차와 집체 구성원의 결정에 따라 결정한다.

(一) 토지승포(土地承包) 방안 및 토지를 집체 구성 이외의 단위(單位,회사)나 개인에게 승포 결정을 해야 하는 경우

(二) 개별토지 승포 경영권이 있는 사람들 간 승포지의 조정이 필요한 경우

(三) 토지보상비 등 비용의 사용, 분배방법을 결정해야 하는 경우

(四) 집체 출자(集體出資)한 기업 소유권의 변동 등의 사항이 있을 경우

(五) 법률이 정하는 기타의 사항이 있을 경우

▸ **계약법(합동법) 제52조**

○ (계약의 무효) 아래의 경우 중 하나에 해당하는 계약은 무효이다.

(一) 계약 당사자 중 어느 일방이 사기, 협박의 수단을 통해 계약을 체결하고, 계약이 국가이익에 반하는 경우

(二) 악의적으로 서로 공모 결탁하여 국가, 집체(집단, 조직) 또는 제3자의 이익에 손해를 입히는 경우

(三) 합법적 형식을 통해 불법 목적의 행위를 감춰 덮으려 한 경우

(四) 사회의 공공이익을 해하는 경우

(五) 법률, 행정법규의 강제규정에 위반된 경우

[토지관리의 엄격한 관리와 개혁에 관한 국무원의 결정(국무원관우심화개혁엄격토지관리적결정, 國務院關于深化改革嚴格土地管理的決定)]

○ 중국 국무원은 2004.10.21. 합리적 토지관리를 목적으로 총25항의 [토지관리의 엄격한 관리와 개혁에 관한 국무원의 결정을 발표함.

○ 발표 조항에는 △토지 관련 법률의 엄격한 집행, △토지이용총체계획과 도시총체계획의 실시 강화, △수용과 보상, △농지전용 등에 따른 수익분배, △경지(耕地保護)보호, △관리 책임 등의 내용이 포함되어 있는 바, 이를 통해 농민의 권익 보호를 위한 법의 집행과 불법행위에 대한 책임추궁 등이 특히 강조되었다고 평가됨.

2. 질문 요약

농촌 호구가 아닌 사람은 정말로 농촌의 주택을 구입할 수 없는 것입니까?

외국인이 주택 소유주와의 합의계약 하에 중국 농촌에 주택을 구매하였습니다. 훗날 원(原) 주인은 농촌호구가 없는 사람에게 주택을 판매하는 것은 불법이라며 매매계약의 무효를 주장하며 이미 판매했던 농촌 주택의 반환을 요구하고 있습니다.

집주인과 합의매매가 이루어졌다고 하더라도, 농촌호구가 아닌 사람은 중국 농촌에 소재한 주택과 농지를 소유할 수 없는 것 인가요?

만약 양측의 계약이 무효로 결정이 나면 주택 구매를 위해 지불한 원금과 개축비용 등은 돌려받을 수 있습니까?

3. 법리적 접근 – 박 박사님 답변

중국 토지 소유제도의 이원화

중국 헌법 제10조와 토지관리법 제2조는 중국 토지소유를 국가 소유의 전민소유제(全民所有制)와 농민 집단 소유의 농민집체소유제(農民集體所有制)로 이원화하고 있습니다.

중국토지의 이러한 이원화 소유제는 중국이 개방개혁과 함께 많은 토지제도의 변화 과정을 겪으면서도 지금까지 지속 유지되고 있는 사회주의공유제(社會主義公有制)의 가장 큰 근간으로 다른 나라와 비교하여 중국 토지제도가 갖는 가장 큰 특징이라 할 수 있을 것입니다.

중국 헌법이 농민에게 토지를 부여하는 것은 중국 인구의 63.76%(2005년 국무원 농촌인구 표본조사) 차지하고 있는 중국 농민의 생활 안정을 위해 농업의 근간인 농지를 농민들이 직접 소유케 하여 경자유전(耕者有田, 경자유기전-耕者有其田) 원칙을 통한 농민 생활의 영구적 안정과 국가의 발전을 도모(圖謀)하기 위함입니다.

농지 주택의 매매 금지

따라서, 중국은 농민들의 영구적인 농지소유와 경지보호(耕地保護)를 위해 토지관리법(土地管理法) 제63조를 통해 농민이 소유하고 있는 농민집체소유토지(農民集體所有土地)의 매매를 금(禁)하고 있으며, 농업과 유관한 산업을 목적으로 하는 경우에 한해 제한적 임대를 허용하고 있습니다.

이는 농민이 농촌에서 토지를 직접 소유하고 농업에 종사할 수 있을 때, 비로소 농민 생활의 안정과 국가의 지속적인 발전을 이룩할 수 있다고 하는 토지 소유에 관한 중국 정부의 기본적 이념이 반영된 것이라 할 수 있을 것입니다.

한편, 농촌에서는 중국 농민들의 생활 안정과 주택 복지를 위해 집체토지 구성원은 농민집체토지에 1가구 1채의 주택 건축을 허용하고 있으며, 이를 택기지(宅基地)라고 합니다.

택기지는 농민들의 안정된 주거 환경을 목적으로 시행되는 부동산 제도로 매매를 극히 제한하고 있기 때문에 설사 농민호구라 하더라도 합법적인 택기지 구입은 불가하며, 오직 집체주민간의 매매만 허용될 뿐 그 외의 거래는 모두 금지되어 있습니다. 그런데 최근 중국 경제가 급속히 발전하고 도시권이 확대되면서 농지에 건축을 하고, 이를 매매하는 부동산 거래가 상당히 빈번하게 발생하고 있습니다.

그러나 이러한 거래는 모두 불법으로 등기를 통한 부동산의 법적 보호를 받을 수 없을 뿐 아니라, 매매가 허용되지 않기 때문에 재산권 행사가 불가능하다고 할 수 있을 것입니다.

이에, 중국 국무원(國務院)은 농민집체소유토지(農民集體所有土地)에서 발생하는 불법 부동산 건축과 매매의 방지를 위해 2004년 10월 '토지관리의 엄격한 관리와 개혁에 관한 국무원의 결정'(국무원관우심화개혁엄격토지관리적결정, 國務院關于深化改革嚴格土地管理的決定)을 발표하여 도시주민의 농촌 택기지 구매 금지와 관련한 법률의 엄격한 집행 의지를 표명한 바, 이를 역설적으로 해석하면, 불법적 농촌 주택 거래가 공공연히 성행하게 되면서, 중국 정부는 이러한 의지를 새롭게 표명하였다고 할 수 있을 것입니다.

◆ 법률 위반에 의한 계약 무효

본 사안에서 양측이 거래한 농촌 주택은 실질적으로 농민 소유의 **택기지(宅基地)**를 매매한 것으로 농촌집체구성원으로 매매 허용이 엄격히 제한된 택기지의 구매를 위한 계약은 계약법(합동법) 제52조의 법률, 행정 법규의 강제 규정에 위반된 경우로 무효 계약이 될 수 있습니다.

또한 판매자는 건물과 토지가 합쳐진 일체구조(一體構造)의 부동산 판매를 위한 계약을 통해 건물과 함께 택지지에 포함된 토지를 함께 처분한 바, 결과적으로 농민 소유의 농민집체(農民集體) 토지를 매매한 결과를 초래하게 되었습니다.

이는, 판매자가 1년이 지난 시점에 계약 무효에 관해 문제 제기를 하지 않았다고 하더라도 불법 주택을 구매한 구매인은 방산국(房産局, 부동산등기관리국)에 등기할 방법이 없습니다. 따라서 등기 후 비소로 취득할 수 있는 중국 부동산의 재산권(산권, 産權)을 획득하지 못하였기 때문에 자연히 법에 따른 소유권의 보호를 받을 수 없을 것입니다.

앞에서 언급한 바와 같이 농민집체 토지의 이러한 매매 제한성이 존재함에도 불구하고, △공급자의 과대광고, △저렴한 가격에 대한 유혹, △정책 변화에 대한 희망 등 중국 현존의 여러 사회 현상들이 합쳐지면서 이러한 거래가 상당수 발생하고 있고, 심지어 외국인도 직접적인 피해를 보는 경우가 종종 발생하고 있습니다.

이러한 배경 하에 농민집체 소유의 토지에서 건축, 매매되고 있는 주택을 중국 부동산 보호권인 산권(産權)의 대립적 개념으로 소산권(小産權)이라고 부르는데 이는 법률용어가 아닌 일반적 사회 통용 용어이며, 소산권은 계속 증가하는 추세를 보이고 있어 중국 부동산의 심각한 문제가 되고 있습니다.

그러나 이러한 주택이 상당히 존재한다고 하더라도 중국 정부는 이에 대한 엄격한 관리를 강조하며 모두 불법 건축물로 간주하고 있는 바, 농민집체소유토지(農民集體所有土地)에서 건축되고 판매된 소산권 주택은 어떠한 경우에도 현재로서는 법률적 보호를 받을 수 없습니다.

◆ 반환 및 보상

중국 계약법(합동법) 제52조는 법률, 행정법규의 규정에 위반된 경우, 양측이 합의에 의해 성사된 계약이라고 하더라도 이를 무효로 규정하고 있습니다. 따라서 판매인과 구매인 간의 합의에 의한 계약이라고 하더라도, 그 내용이 중국 법률 및 행정법규에 어긋나기 때문에 동 계약은 무효이며, 구매자는 원(原) 판매자에게 택기지(宅基地) 주택을 반환하여야 합니다.

또한 판매자도 매매과정에서 이에 대한 부동산의 불법 처분행위가 나타나는 바, 계약무효에 따라 계약시 수령한 10만 위안을 구매 의사자에게 돌려주고, 개축 및 장식비에 관한 비용은 별도의 규정에 따라 보상하여야 할 것입니다.

4. 중국 부동산 용어 해설

▸ **택기지(宅基地)**

- 농촌에서 농촌 호구의 농가 또는 개인이 (건축 지상물의 존재 여부와 관계없이) 거주 목적으로 점유, 이용하고 있는 집체소유 토지로 택지지의 소유권은 농촌집체경제조직(農村集體經濟組織)에 있으며, 개인은 사용권만 행사할 수 있음.

▸ **자류지(自留地)**

- 집단 농장에서 농민에게 공동작업 외에 개인적으로 경영할 수 있도록 주어지는 자율경영 토지로 개별 가정은 잉여 노동력과 시간을 통해 자류지에서 각종 농부산품을 생산할 수 있고, 시장 판매를 통해 수입을 증가 시킬 수 있음.

B. 농촌 토지 소유권에 관한 질문

1. 사건 전개

◆ 농촌 토지의 소유주

중국에서 오랜 기간 생활한 우상모는 많은 친구들과 활발한 교류를 하는 것으로 소문이 나있는데요, 특히 선양에서 부동산 개발을 하고 있는 한국인 친구와는 매우 막역한 사이입니다.

따라서 우상모는 평소 부동산 개발을 하고 있는 한국인 친구로부터 중국의 모든 토지는 국가 소유이며 이를 사용하려면 법에 따라 국가에 세금을 내고 사용하면 된다고 알고 있었습니다.

그러던 어느 날 우상모가 부인과 함께 농촌 여행을 가게 되었는데, 식사를 위해 어느 마을에 들렀다가, 농민들이 모여 자신들이 소유하고 있는 토지를 활용할 방법에 관해 진지하게 토론하고 있는 모습을 보고는 깜짝 놀랐습니다.

그동안 우상모는 중국의 모든 토지는 국가의 소유이기 때문에 농민들이 소유하고 있는 토지는 없다고 생각했는데, 농촌 사람들은 본인들이 토지의 소유권을 갖고 있는 땅 주인이라고 합니다. 농촌 사람들이 땅을 소유하고 있다니?

관계 법률 조항

중국 토지관리법 제8조

○ 도시내 토지는 국가가 소유권을 갖는다. 단, 농촌, 도시 교외(郊外)의 토지는 법률이 정하는 경우를 제외하고는 농민이 집체소유권(集體所有權)을 갖으며, 농민의 △거주택지(宅基地), △자류지(自留地, 집체(집단)경제 조직에서 개인에게 분배하여 장기간 개인이 개인 목적으로 사용할 수 있는 경지), △자류산(自留山, 집체(집단)경제 조직에서 개인에게 분배하여 장기간 개인이 개인 목적으로 사용할 수 있는 임지)는 농민집체가 소유권을 갖는다.

중국토지관리법실시조례 제12조

○ 아래의 토지는 전민소유(全民所有), 즉 국가의 소유로 한다.

① 도시내의 토지

② 농촌과 도시교외 지역 토지 중 국가가 이미 몰수, 징수, 수매한 토지

③ 국가가 법에 근거하여 징수한 토지

④ 법에 따라 집체소유에 속하지 않는 임지, 초지(草地), 황무지, 간석지 및 기타 토지

⑤ 농촌집체경제조직의 전 구성원이 도시로 이주를 하여 구성원이 남아 있지 않은 상황하에 원 구성원이 소유하고 있었던 집체소유 토지

⑥ 이주, 자연재해 등의 원인으로 인해 국가가 조직적으로 농민 전원을 새로운 지역으로 이주한 상황하에, 원 구성원이 소유하고 있었던 집체소유 토지

2. 질문 요약

❖ 국가가 모든 토지를 소유하는게 아니였어?

중국의 모든 토지는 국가가 소유권을 갖고 있는 것이 맞습니까?

3. 법리적 접근 – 박 박사님 답변

❖ 국가와 집체 토지의 이원화

중국 △토지관리법(土地管理法) 제8조, △토지관리법실시조례(土地管理法實施條例)의 제2조 규정에 따라 도시내의 모든 토지는 국가 소유가 맞습니다.

그러나 농촌 및 교외(郊外) 지역의 토지 중에는 국가 소유 토지 이외에 집체토지(集體土地)가 있습니다. 그리고 이 집체토지에 대한 소유권은 농민들이 갖고 있습니다. 즉 국가가 토지를 소유하고 있다고 하는 내용은 도시내에서는 옳은 표현일 수 있으나, 농촌을 포함 할 때는 틀린 표현입니다.

즉, 우상모의 한국인 친구는 선양시내에서 부동산 개발업을 하고 있기 때문에 국가소유의 토지를 사용하는 것이 맞지만, 농촌 및 교외(郊外) 지역에는 국가 소유 토지 이외에 집체 토지가 있으며, 이에 대한 소유권은 농민들이 갖고 있습니다. 따라서 중국은 모든 토지를 국가가 소유하고 있다고 하는 말은 틀린

말입니다.

중국 토지는 도시와 농촌의 토지로 구분되기 때문에 모든 토지를 국가가 소유하고 있는 것은 아닙니다.

C. 토지사용권 취득 후 법이 정하는 별도의 의무가 있나요?

1. 사건 전개

사용권을 이미 취득한 토지의 별도 사용 허가

우상모는 최근 기업의 영업성과가 좋아 직원을 더 모집하여 회사를 확장하려 하나 노동비 상승 등의 원인으로 직원모집이 쉽지 않습니다.

그래서 우상모 기업은 직원에 대한 복지혜택을 강화하여 이직률을 막기 위해 직원 전용 기숙사를 건축하기로 하였습니다.

우상모는 자신의 토지에 자신의 기숙사를 건설하기 때문에, 그냥 건물을 올리면 되는 줄 알았는데, 토지 사용에 관한 별도의 허가를 받아야 한다고 합니다.

관계 법률 조항

▸ **중국 토지관리법 제9조**

○ 국유토지와 농민집체 소유의 토지는 법에 따라 기업 또는 개인의 사용이 가능하다. 그리고 토지사용권을 획득한 개인이나 기업은 토지에 대한 보호, 관리 및 합리적 토지 이용에 관한 의무를 갖는다.

2. 질문 요약

토지 사용 허가를 받은 후에도 별도의 의무가 주어지나요?

토지는 원래 국가의 소유이기 때문에 별도의 의무사항이 있다고 하는데요? 어떠한 내용인지 알고 싶습니다. 그리고 토지 사용에 관한 허가를 받은 후에도 법이 정하는 별도의 의무가 있나요?

3. 법리적 접근 – 박 박사님 답변

국유토지사용권증서와 토지 보호

중국 토지는 소유권에 따라 국유토지와 농민집체토지로 구분되며, 두 종류의 토지는 모두 법이 정하는 바에 따라, 개인적인 용도로 사용이 가능 합니다.

그러나 이 과정에서 가장 중요한 것은 토지 사용자는 반드시 토지 소재 현급인민정부(縣級人民政府) 이상의 행정기관(일반적으로 국토자원국(國土資源局))에 토지등기(土地登記) 신청을 하여야 합니다.

따라서 우상모의 회사는 먼저 정부 토지 행정주관 부문에 기숙사 건설을 목적으로 하는 토지사용신청을 하고, 적법한 절차에 따라 정부로부터 국유토지사용권증서(國有土地使用權證書)를 발급받아야 합니다.

우상모가 관계 당국을 찾아가면 먼저 토지 사용에 관한 등기부(登記造册)를 작성하고, 첨부한 관련 서류를 중심으로 심사를 거쳐 국유토지사용권증를 발급받아야 합니다. 본 국유토지사용권증이 발급되어야만, 토지에 대한 별도의 사용권이 법적 보호를 받게 됩니다.

이러한 법 절차를 진행하여 토지사용권을 받았다면 이에 대한 토지 사용권리는 어떠한 개인이나 기업에서도 침범할 수 없게 됩니다.

토지사용권증에는 토지의 행정주소, 용도, 사용면적, 사용연한 등이 기재되어 있으며, 현급 이상의 정부에서 발행합니다.

최종적으로 토지사용권을 발급 받은 자는 토지관리법 제9조에 근거하여 토지의 보호, 관리, 합리적 이용에 관한 포괄적 의무를 갖게 됩니다.

D. 농민집체 소유 토지의 사용권 변경

1. 사건 전개

◈ 집체토지의 활용

한중 양국민의 축복을 받으며, 국제결혼을 한 김총기는 선양에서 공장을 운영 중입니다. 그런데 공장 지가(地價)가 너무 비싸지면서 산업 경쟁력이 떨어진다고 생각하여 선양을 벗어나 랴오닝성 외곽의 어느 농촌에서 공장을 경영하는 것을 고려 중입니다.

그러던 어느 날, 김총기는 자신의 중국인 처가가 집체토지를 소유하고 있다는 말을 들었습니다. 김총기는 농촌의 토지 지가가 도시보다 낮고, 농촌에 공장이 없어 젊은 청년들이 일자리를 찾아 도시로 나가는 것이기 때문에 공장을 건설하면 지역 일자리 창출에도 큰 도움이 된다고 처갓집을 설득해 처가 소유의 집체 토지에 공장을 짓기로 합의하였습니다.

그런데 중국에서 공부를 좀 한 지민박 사장이 농촌의 집체토지는 농민들의 것이기 때문에 매매가 금지되어 있을 뿐 아니라, 농업 목적의 용도 외로는 사용할 수 없다며, 처가의 집체토지를 절대로 사용할 수 없다고 합니다.

그러니 생각은 좋지만, 농촌에서는 기업을 만들 수 없다며 기업 활동은 도시에서나 알아보라고 합니다.

관계 법률 조항

▶ **중국 토지관리법 제11조**

○ 농민집체소유 토지는 토지 소유자가 현급인민정부(縣級人民政府)에 소유권에 관한 등기를 신청하며, 현급인민정부는 등기를 마친 소유자에 한해 심사를 거쳐 소유권을 확인하는 증서를 발급한다. 농민집체소유 토지의 소유권은 발급된 증서에 의해 확인 결정한다.

○ 농민집체소유 토지는 법이 정하는 범위에 따라 비농업건설(非農業建設)을 목적으로 토지를 사용할 수 있다. 이 경우 토지 사용자는 현인민정부에 토지 사용에 관한 내용의 등기를 신청하여야 하고, 신청을 받은 인민정부는 이를 등기한 후 등기부를 작성한다. 농민집체소유 토지의 건설용지 사용권에 관한 범위는 관할인민정부의 등기한 내용에 따라 확인 사용할 수 있다.

▶ **중국토지관리법실시조례 제4조**

○ (소유권증에 의거한 소유권 인정) 농민집체소유 토지의 토지소유자는 해당 토지 소재지의 현급인민정부 토지행정 주관부문에 토지 등기 신청을 하여야 하며, 현급인민정부는 이를 등기하고 등기부를 작성한 후 일정한 심사를 거쳐 집체토지소유권증을 발급한다. 집체토지소유의 소유 여부는 인민정부에서 발급한 증서에 의해 결정, 확인한다.

○ (토지 사용 목적 신청) 농민집체소유 토지를 비농업 건설을 목적으로 사용하고자 할 경우 토지사용자는 토지 소재지의 정부(현급 이상) 토지행정 주관부문에 사용목적에 관한 토지등기를 신청하여야 한다.

- (토지 사용에 관한 심사와 사용권 발급) 신청을 접수한 지방정부(현급 이상)는 이를 등기하고 등기부를 작성한 후 일정한 심사를 거쳐 토지사용권 증서를 발급하며, 발급된 토지사용권증서에 의해 건설용지의 사용권을 확인 결정한다.
- 해당 지역의 지방정부(人民政府)는 관할지내 농민집체소유(農民集體所有) 토지에 관해 통일적인 등기(登記)를 실행한다.

2. 질문 요약

집체토지 사용은 불가능 한가요?

중국 농촌에서 농민들이 소유하고 있는 농민집체 소유 토지는 기업 활동 목적으로는 사용이 불가능한 건가요?

3. 법리적 접근 – 박 박사님 답변

농지 보호의 관점

농민들이 소유하고 있는 농민집체 소유 토지는 국가 경작지 확보와 경작환경의 안정을 가장 큰 목적으로 하고 있기 때문에 중국정부는 농민집체 소유 토지의 매매와 농업목적 외의 경지 점용(耕地占用) 사용권의 확대를 제한하고 있습니다.

그러나 토지관리법 제11조 및 토지관리법실시조례 제4조의 규정에 따라 법이 허용하는 범위 내에서 농민집체소유 토지의 농업 외 목적 사용을 허용하고 있습니다.

또한 최근에는 도시로 나갔던 농민공(農民工, 호구는 농촌에 남겨두고 도시에서 노동을 하는 농촌 출신의 노동자)들이 농촌으로 돌아와 집체 토지를 이용해 기업 활동을 하는 경우도 증가하고 있는 추세입니다.

단, 이 경우 토지를 공급하는 집체토지 소유주(김총기 처가)는 토지 소재지 인민정부(현급 이상)의 토지행정 주관부문(主管部門)에 농업 외 목적의 토지 사용을 위한 토지 등기 신청 후 지방정부로부터 일정한 심사를 거쳐 농업 외 별도 목적의 건설용지 사용권을 발급 받아야 합니다.

토지이용총체규획과 적합 여부

그런데 중국은 집체소유 토지의 농업 외 목적에 따른 건설용지의 사용 여부를 토지이용총체규획(土地利用總體規劃)의 부합 여부에 가장 중점을 두고 판단하고 있습니다.

따라서 집체소유 토지의 사용자가 농업 외 목적으로 토지를 사용하기 위해서는 해당 지역의 전체적인 경작지 관리와 토지의 사용이 이와 부합한지 여부를 가장 먼저 확인하여야 하며, 이를 설명할 수 있는 관련 서류를 첨부하여 해당 정부에 제출하여야 합니다.

관련 서류를 접수한 해당 지방정부는 심사를 통해 농촌집체 토지의 농업 외 목적에 관한 비준(批准) 여부를 확정하고, 집체토지건설용지사용증을 발급합니다.

농민집체소유 토지는 농민의 택지 안정을 위한 택지사용권과 경제적 목적을 위한 집체건설용지의 사용권을 모두 포함하고 있습니다.

그러나 농민집체 소유 토지에 포함되어 있는 권리는 모두 법이 정한 등기와 해당 정부의 심사 절차를 필요로 하고 있습니다.

따라서, 김총기는 처가와 합작하여 농촌에 농업 외 상업 목적의 기업(향진기업(鄕鎭企業))과 공장을 건설할 수 있으나, 중국정부가 도시와 농촌에서 동일하게 시행하는 토지등기 발급제에 따라 반드시 해당 지방정부에 등기 신청을 하여야 하며, 이에 관한 심사를 받을 수 있을 때만 경지의 농업 외 목적 사용이 가능합니다.

그리고 심사의 핵심은 정부의 이용총체규획(土地利用總體規劃)과의 목적 부합 여부입니다.

제10장

아파트의 실내 장식 등에 하자(瑕疵)가 발생하였을 경우, 책임 주체 및 배상에 관한 문제

A. 개발상으로부터 직접 아파트를 구매한 경우

1. 사건 전개

내부 장식 완성된 아파트 구입

우상모는 선양 위홍구에 파차이 개발(發財開發)이 건설 분양하는 내부 장식이 완성된 아파트(정장방, 精裝房, JINGZHUANG FANG) 한 채를 구입했다.

중국에서 판매되는 대부분의 아파트는 내부 장식이 전혀 되어 있지 않은 모배방(毛坯房-MAOPI FANG) 형태이었으나, 파차이 개발이 공급하는 아파트는 내부 장식이 완성된 정장방 형태로

내부 장식을 해야 하는 별도의 번거로움을 피할 수 있어 입주를 빨리 할 수 있다고 생각한 우상모는 아파트 구입 후 매우 흡족해 했다.

다음해 봄 우상모는 파차이 개발로부터 아파트 열쇄를 넘겨 받고 드디어 새로운 집으로 이사하게 되었고, 편안한 설계와 화려하면서도 동양적인 단아한 분위기의 내부 장식에 무척이나 만족해하였다.

그런데 새 집에 입주한 기쁨도 잠시, 반년이 지나지 않아 새 집에 문제가 발생하기 시작하였는데, 천장에 금이 가면서 선명하게 들어나기 시작하였고, 심지의 벽의 콘크리트 일부가 떨어져 나가기도 하였다.

실내의 이러한 자연적 훼손은 실제 거주생활에 영향을 주었고, 새 집에 많은 기대를 하고 입주했던 우상모는 정신적 스트레스 또한 피할 수 없었다.

참다못한 우상모는 마침내 집을 구매한 선양 파차이 개발을 찾아가 수차 관련 내용을 알리고 내부 수리 요청을 하였다.

그런데 개발상(파차이개발)측은 아파트 천장에 금이 간 원인을 명확히 알 수 없으며, 벽의 시멘트가 떨어져 나간 원인도 명확하지 않기 때문에 개발상의 건축 부실을 그 원인으로 단정할 수 없기 때문에 무료 수리는 불가하다고 한다.

2. 질문 요약

➤ 아파트 내부장식에 하자가 있어요, 누구에게 보상을 받을 수 있나요?

내부 장식이 포함된 아파트(JINGZHUANG FANG, 정장방, 精裝房)를 구매 하였는데, 반년이 지나지 않아 아파트 실내 장식 부분에 자연적인 하자(瑕疵)가 발생하기 시작했습니다.

건물 건축과 실내 장식을 담당한 회사, 즉 개발상(파차이개발)을 상대로 수리와 보상을 요구할 수 있을까요?

3. 법리적 접근 – 박 박사님 답변

➤ 내부 장식이 완성된 아파트의 구매

본 사안의 중요 쟁점은 아파트에서 발생한 하자(瑕疵)의 원인이 어디에서 시작되었으며, 하자를 발견한 후 얼마큼의 시간 동안 하자 해결을 위한 책임을 다 할 것 인지에 관한 문제입니다.

먼저 하자의 원인부터 생각해 보도록 하겠습니다. 우상모가 구매한 아파트는 공급한 개발상(파차이 개발)측이 내부 장식을 모두 마치고, 내부 장식비만큼 가격을 더하여 판매한 **정장방(精裝房, JINGZHUANG FANG)**입니다.

중국은 한국의 아파트 분양 시스템과는 달리 외형의 아파트가 완성된 상태(내부 장식은 마치지 않았으나, 철골 구조 등 건축물이 완성된 상태)를 아파트 공급 가능 시기로 정하고 있습니다. 따라서 공급자와 구매자는 내부 장식이 전혀 시행되지 않았다고 하더라도 아파트 외부의 구조가 완성되는 시점이면, 구매자에게 아파트를 인도할 수 있고, 내부 장식(interior)이 미완성 아파트를 구매자는 인수 합니다.

이러한 내부 장식이 전혀 되어 있지 않은 아파트를 부동산 시장에서는 모배방(毛坏房-MAOPI FANG) 또는 청수방清水房-QINGSHUIFANG FANG) 이라고 하는데, 이러한 경우 구매자는 아파트를 인수 받아 별도의 인터리어 회사를 고용하여 자신이 원하는 방식에 따라 비용과 시간을 투자하고 별도로 내부 장식을 시행하여야 합니다.

모배방은 내부 장식을 본인이 원하는 바에 따라 할 수 있는 장점이 있기 때문에 중국인들의 정서적 특성상 중국 아파트의 공급은 기본적으로 모배방 공급을 원칙으로 하고 있으며, 보편적 아파트 공급 형태입니다.

이와 반대의 개념으로 우리나라의 아파트 공급사처럼 내부 장식을 모두 마친 아파트를 구매자가 인수받는 경우가 있는데 이를 정장방(精裝房JINGZHUANG FANG)이라고 합니다.

이 경우 공급자인 아파트 개발상은 건축 시공은 물로 내부 장식을 모두 마친 시점에 구매자에게 아파트를 공급하기 때문에 입주 후 구매자가 내부 장식을 위한 특별한 처리를 하지 않았다면, 일정기간 동안 내부 장식에 관한 책임은 공급자에게 있다고 할 수 있습니다.

본 건에서 아파트 구매자는 입주 시기, 내부관리 등 여러 편의를 위해 인테리어 비용에 해당하는 비용을 더 지불하고 개발상으로부터 정장방을 구매 하였습니다. 또한, 구매 후 실제 거주 기간인 반년 간 구매자는 특별한 내부 공사를 하지 않았기 때문에 일정한 기간 동안 발생하는 아파트 하자에 관한 문제는 마땅히 공급자에게 있다고 할 것입니다.

계약에 따른 물건의 하자와 공급자의 사후 책임 의무

문제는 공급자가 어느 기간까지 그 책임을 다하여야 하는지 인데, 공급자와 구매자 양측은 이러한 기간 및 내용에 따른 별도의 약정을 정하지 않았습니다.

그러나 공급자와 구매자는 합법적 계약서에 의해 구매 절차를 모두 완료하였고, 이에 따라 구매자는 아파트 구매 가격을 모두 지불한 바, 개발상은 마땅히 합리적 기간 내에서 아파트의 품질에 관한 문제 해결을 위해 책임을 다하여야 할 것입니다.

중국 계약법(합동법) 제61조는 계약에 따른 품질(질량) 등에 관해 사전에 계약 당사자들 간 협의한 내용이 없거나 약정 내용이 불명확할 경우에는 당사자 간 협의에 의해 이를 보충 보완하도록 하고 있으며, 만약, 보충협의를 통해서도 의견이 일치되지 않을 경우에는 계약상의 유관 조항 또는 전통적 교역 관습에 따라 이를 확정하도록 하고 있습니다.

또한 계약법(합동법) 제111조와 제112조는 계약 후 인수받은 물건의 품질이 약정한 내용에 부합(符合)하지 않을 경우 물건을 제공한 당사자는 위약 내용에 따라 마땅히 그 위약 책임을 다하여야 한다고 규정하고 있으며, 필요시 그 손실 여부에 따라 수리, 교환, 재제작, 반환 등을 요구할 수 있고 상대방은 그 위약에 따른 책임을 다하여야 하며, 이에 따른 손실 배상(損失賠償)의 의무를 규정하고 있습니다.

토지에 관한 소유권이 없이 사용권만 인정하고 있는 중국에서는 일반적으로 거주목적의 아파트 사용기간을 70년으로 정하고 있습니다. 물론 70년의 사용권한이 공급회사의 사후 관리 의무 기간은 아닙니다.

그러나 구매자 측이 내부 장식을 위한 특별한 처리를 하지 않았음 에도 불구하고 본 사안과 같이 거주기간이 반년이 지나지 않아 건축물 내부에 하자(瑕疵)가 발생하였다고 하는 것은 사용기간이 70년임을 감안할 때 6개월의 시간은 지극히 상식적이고 합리적인 시간으로 여겨지는 바, 관련 법률상 개발상(開發商) 측의 명백한 잘못이라 할 수 있습니다.

따라서 개발상 측은 중국 계약법(합동법) 제61조, 제111조, 제112조 등에 근거하여 하자(瑕疵)가 있는 아파트를 공급한 책임을 지고 구매자에 측에 수리 및 배상에 관한 의무를 져야 하며, 이에 대한 책임을 다하여야 합니다.

B. 기존 주택을 구매하였을 경우

1. 사건 전개

기존 아파트 구매

다음은 개발상으로부터 아파트를 직접 구매한 것이 아니고 다른 사람이 거주하고 있던 기존 아파트(二手房, second hand house) 구매 후 발생한 아파트의 내부 하자(瑕疵)에 관한 문제를 함께 생각해 보도록 하겠습니다.

우상모는 지민박이 거주하고 있던 아파트를 구매하고, 반년을 살았는데, 비가 오는 어느 날 천장에서 누수(漏水) 사실을 확인하였습니다.

집수리 사실을 은폐한 후 매매

우상모는 전 집주인인 지민박을 찾아가 이에 대한 문제를 제기하고 수리비용을 청구하였습니다. 그리고 이 과정에서 전 집주인인 지민박이 거주하는 기간 이미 천장을 수리한 적이 있음을 알게 되었고, 아파트 판매 과정에서 지민박은 이러한 수리 및 누수 사실을 고의 은폐하고 우상모에게 집을 판매한 사실도 알게 되었습니다.

그러나 지민박은 아파트 천장의 누수 문제는 개발상의 잘못된 시공으로 인해 발생하기 시작하였고, 자신도 거주시 피해를 보았기 때문에 이를 책임질 수 없다며 개발상을 찾아가라고 합니다.

관계 법률 조항

▶ **계약법(합동법) 제42조**

○ (계약 체결 과실) 당사자 간 체결하는 계약 과정 중 아래의 상황 중 하나에 해당하여 상대방에서 손실을 입히는 경우에는 마땅히 손해배상의 책임(損害賠償責任)을 다하여야 한다.

(一) 계약체결을 빌미로 악의적 협상을 진행하는 경우

(二) 계약과 관련한 중요한 사실을 고의적으로 은폐(隱蔽)하거나, 거짓 정보를 제공하는 경우

(三) 성실신용의 원칙을 위반하는 기타 행위의 경우

2. 질문 요약

실내 장식 하자에 관한 책임은 누가 지나요? 전 주인 아니면 개발상?

아파트 판매자는 과거 아파트 천장의 누수와 수리(修理) 사실을 계약 체결 전 구매자에게 알리지 않고 계약을 완료한 것은 사실이나, 내부 수리 문제는 개발상의 잘못으로 인해 발생한

문제이기 때문에 개발상에게 책임을 물으라고 한다.

기존의 아파트를 구매 후 발생한 내부 장식의 하자(瑕疵)에 관한 문제는 전 집주인을 찾아서 문제를 해결해야 하나요? 아니면 개발상(開發商)을 찾아 문제를 해결해야 하나요?

3. 법리적 접근 – 박 박사님 답변

성실신용의 원칙

본 사안은 비단 아파트 매매 뿐 아니라 각종 교역 중 발생할 수 있는 성실신용의 원칙에 바탕을 둔 문제입니다.

판매자는 아파트의 결점을 모두 알고 있었음에도 불구하고, 아파트를 판매할 목적으로 진실을 숨기고, 판매자와 계약 체결을 진행하였습니다.

이후 뒤늦게 구매자 스스로가 관련 정보를 취득하고 문제 제기를 하자 판매자는 아파트 하자에 관한 문제를 개발상에게 넘기며 책임을 회피하고 있습니다.

그러나 아파트 하자(瑕疵)의 책임이 어디서부터 시작되는지는 본 계약 성사 이전의 문제로 판매자로부터 제한적 정보를 제공받고 계약을 체결한 구매자와는 일차적으로 직접적인 관련성이 없다고 할 것입니다.

판매자는 구매자와 계약을 체결하는 과정에서 악의적 목적으로 아파트의 결점에 관한 정보를 은폐하였고, 정보의 제한적 은폐 상황하에 판매자와 구매자 간의 거래가 성사되었습니다.

중국 계약법(합동법) 제42조는 계약과 관련한 중요한 사실을 악의적 목적을 갖고 고의(故意) 은폐(隱蔽)하였거나, 거짓 정보의 제공으로 인해 상대방이 손해를 입었을 경우 계약 당사자는 손해 배상의 책임을 다하여야 한다고 규정하고 있습니다.

따라서, 본 사안에서 비록 판매자가 아파트를 이미 판매하였으나, 계약 체결 과정 중 악의적 은폐가 명확하고, 성실 신용의 원칙에 어긋나는 바, 판매자는 계약체결 과실로 인한 손해배상의 책임을 다하여야 할 것입니다.

4. 중국부동산 용여 해설

▸ **모배방(毛坯房–MAOPI FANG)**

- 모배방(毛坯房-MAOPI FANG)은 청수방(清水房-QINGSHUIFANG FANG) 이라고도 하는데, 건물의 골조 건축만 마치고 내부 장식이 없이 분양이 되는 아파트로 중국의 아파트 분양시장에서 많은 부분을 차지하며, 내부 장식은 아파트를 구입한 구매자가 본인의 의사에 따라 별도의 내부장식 회사와의 계약을 진행한 후 내부 장식을 마친다.
- 내부 장식이 마쳐져 있는 정장방에 비해 인테리어 비용 만큼의 가격이 저렴하지만 별도의 내부 장식 비용을 본인이 지불해야 하고, 분양아파트와는 관계없이 인테리어를 진행하기 때문에 인테리어 과정에서 내부 장식의 책임을 맡은 회사와 종종 분규가 발생한다.

▶ **정장방(精裝房, JINGZHUANG FANG)**

- 아파트의 골조와 내부 인테리어를 모두 마치고 판매되는 아파트로 성품방(成品房) 이라고도 한다.
- 최근 아파트 분양시장에서 증가하는 추세이기는 하나, 실내장식을 포함하고 있기 때문에 모배방에 비해 분양가격이 높고, 개인적인 취향에 따른 실내 인테리어를 할 수 없기 때문에 모배방에 비해 그 수요가 적다.
- 별도의 내부장식 없이 직접 입주가 가능하다.

▶ **방지산개발상(房地産開發商)**

- 건축 목적의 토지를 정부로부터 임대받아 부동산을 개발, 판매하는 회사로 △건설용지규획허가증(建設用地規劃許可證), △건설공정규획허가증(建設工程規劃許可證), △건축공정시공허가증(建築工程施工許可證), △국유토지사용증(國有土地使用證), △상품방판매허가증(商品房銷售許可證) 등 5개의 허가증을 각 시(市)의 책임기관인 시규획위원회, 시건축위원회, 시국토자원국, 방옥관리국 등 관계기관에서 비준 받아야 한다.

CHAPTER

3

중국 물권법 해석

제1장

물권법 한중대조의 의의(意義)

중국 물권법(物權法)은 물(物)의 귀속(歸屬)을 명확히 하고, 물에 대한 권리인의 권리보장을 통한 시장질서의 안정을 목적으로 제정된 법률로써 2007년 3월 16일 제10기 전국인민대표대회 5차 회의에서 통과되어 2007년 10월1일부터 시행되었다.

물권법은 민사주체(民事主體) 간 발생하는 민사법률 관계를 기초로 하는 사법(私法)으로, 부동산 관계에서 발생하는 소유권(所有權), 용익물권(用益物權), 담보물권(擔保物權), 점유(占有) 등에 관한 물권인의 합법적 권리 행사와 법적 보호 내용을 담고 있기 때문에 중국 부동산 소유 문제와 관련하여 가장 기초적이고 밀접한 법률이라 할 수 있을 것이다.

본 편에서는 물권법의 한중 대조(對照)를 통해 법률내용과 함의를 정확히 파악하고 법률에 근거한 중국 부동산 소유권 관계와 의의를 명확히 이해하는데 목적을 두었다.

특히 법률연구, 부동산업, 통번역 등의 업종에 종사하시는 분들은 한중 대조를 통해 중국법 및 물권법의 본질을 정확하게 파악할 수 있을 것이다.

제2장

중국 물권법 한중대조(韓中對照)

중화인민공화국 물권법	中华人民共和国物权法
(2007년 3월 16일 제10기 전국인민대표대회 제5차회의에서 통과, 중화인민공화국 주석령제62호 공포, 2007년 10월 1이부터 시행)	(2007年3月16日第十届全国人民代表大会第五次会议通过；中华人民共和国主席令第六十二号公布；自2007年10月1日起施行)
목록	目录
제1편 총칙 제1장 기본원칙 제2장 물권의 설정, 변경, 양도 및 소멸 제1절 부동산 등기 제2절 동산(動産)의 인도 제3절 기타 규정	第一编 总 则 第一章 基本原则 第二章 物权的设立, 变更, 转让和消灭 第一节 不动产登记 第二节 动产交付 第三节 其他规定

제3장 물권의 보호	第三章 物权的保护
제2편 소유권	第二编 所有权
제4장 일반 규정	第四章 一般规定
제5장 국가소유권과 집체소유권, 개인소유권	第五章 国家所有权和集体所有权, 私人所有权
제6장 건물주의 건축물 구분소유권	第六章 业主的建筑物区分所有权
제7장 인접 관계	第七章 相邻关系
제8장 공유	第八章 共 有
제9장 소유권의 취득의 특별규정	第九章 所有权取得的特别规定
제3편 용익 물권	第三编 用益物权
제10장 일반 규정	第十章 一般规定
제11장 토지도급경영권	第十一章 土地承包经营权
제12장 건설용지 사용권	第十二章 建设用地使用权
제13장 택기지(농가택지) 사용권	第十三章 宅基地使用权
제14장 지역권	第十四章 地役权
제4편 담보물권	第四编 担保物权
제15장 일반 규정	第十五章 一般规定
제16장 저압권(저당권)	第十六章 抵押权
제1절 일반 저압권(저당권)	第一节 一般抵押权
제2절 최고액 저압권(근저당권)	第二节 最高额抵押权
제17장 질권	第十七章 质权
제1절 동산질권	第一节 动产质权
제2절 권리질권	第二节 权利质权

제18장 유치권	第十八章 留置权
제5편 점유	第五编 占有
제19장 점유	第十九章 占有
부 칙	附 则
제1편	**第一编**
총칙	**总则**
제1장	**第一章**
기본 원칙	**基本原则**
제1조 국가의 기본경제제도를 보호하고, 사회주의 시장경제 질서를 보호하며, 물(物)의 귀속을 명확히 하고 물(物)의 효용을 발휘시키고 권리인의 물권을 보호하기 위해, 헌법에 근거하여 본 법률을 제정한다.	**第一条** 为了维护国家基本经济制度， 维护社会主义市场经济秩序，明确物的归属，发挥物的效用，保护权利人的物权，根据宪法，制定本法。
제2조 물의 귀속과 이용 그리고 이로 인해 발생하는 민사관계에 대하여 본 법률을 적용한다.	**第二条** 因物的归属和利用而产生的民事关系，适用本法。
본 법이 칭하는 물(物)은 부동산과 동산을 포함한다. 법률이 규정한 권리가 물권의 객체가 되는 것은 그 규정에 따른다.	本法所称物，包括不动产和动产。法律规定权利作为物权客体的，依照其规定。

본 법이 칭하는 물권은 권리인이 법에 의거 특정의 物에 대해 직접적으로 지배하고 배타적인 권리를 누릴 수 있는 것을 일컬으며, 여기에는 소유권, 용익물권 그리고 담보물권을 포함한다.	本法所称物权， 是指权利人依法对特定的物享有直接支配和排他的权利，包括所有权，用益物权和担保物权。
제3조 국가는 사회주의 초급단계에 있어, 공유제를 주체로 소유제경제의 공동발전을 위한 다종의 기본경제제도를 견지한다.	**第三条** 国家在社会主义初级阶段， 坚持公有制为主体， 多种所有制经济共同发展的基本经济制度。
국가는 공유제 경제를 공고히 발전시키고, 비공유제경제의 발전을 유도하며, 격려, 지지한다.	国家巩固和发展公有制经济，鼓励，支持和引导非公有制经济的发展。
국가는 사회주의 시장경제를 실행하고, 모든 시장주체의 평등한 법률적 지위와 발전의 권리를 보장한다.	国家实行社会主义市场经济，保障一切市场主体的平等法律地位和发展权利。
제4조 국가, 집체, 개인의 물권과 기타 권리인의 물권은 법률의 보호를 받으며, 어떠한 단위(조직)나 개인도 법률 보호의 권리를 침범할 수 없다.	**第四条** 国家，集体，私人的物权和其他权利人的物权受法律保护， 任何单位和个人不得侵犯。
제5조 물권의 종류와 내용은 법률로 규정한다.	**第五条** 物权的种类和内容，由法律规定。
제6조 부동산물권의 설립, 변경, 양도와 소멸은 법률 규정에 의해 등기를 하여야 한다. 동산 물권의 설립과 양도는 법률 규정에 따라 교부되어야 한다.	**第六条** 不动产物权的设立，变更，转让和消灭，应当依照法律规定登记。 动产物权的设立和转让，应当依照法律规定交付。
제7조 물권의 취득과 행사는 법률을 준	**第七条**

수하고 사회 공중도덕을 존중해야 하며, 공공의 이익과 타인의 합법적 권익에 손해를 입혀서는 안 된다.	物权的取得和行使, 应当遵守法律, 尊重社会公德, 不得损害公共利益和他人合法权益。
제8조 기타 물권과 관련한 법률은 물권에 따른 별도의 특별 규정이 있는 경우에 그 규정에 따른다.	**第八条** 其他相关法律对物权另有特别规定的, 依照其规定。
제2장 **물권의 설정, 변경, 양도 및 소멸**	**第二章** **物权的设立, 变更, 转让和消灭**
제1절 **부동산 등기**	**第一节** **不动产登记**
제9조 부동산물권의 설립, 변경, 양도 및 소멸은 법에 의거하여 등기 과정을 거쳐야 효력이 발생한다. 등기 과정을 행하지 않은 경우에는 물권의 효력이 발생되지 않는다. 단, 법률에 따른 별도의 규정이 있는 경우는 제외한다. 법에 의거, 국가 소유에 속하는 자연자원에 관한 소유권은 등기를 하지 않아도 된다.	**第九条** 不动产物权的设立, 变更, 转让和消灭, 经依法登记, 发生效力；未经登记, 不发生效力, 但法律另有规定的除外。 依法属于国家所有的自然资源, 所有权可以不登记。
제10조 부동산등기는 부동산 소재지의 등기기관에서 수속을 밟는다. 국가는 부동산에 대해 통일 등기제도를 실행한다. 통일등기의 범위, 등기기관	**第十条** 不动产登记, 由不动产所在地的登记机构办理。 国家对不动产实行统一登记制度。统

과 등기방법은 법률, 행정법규 규정에 따른다.	一登记的范围, 登记机构和登记办法, 由法律, 行政法规规定。
제11조 등기 신청 당사자는 신청자 마다 서로 같지 않은 등기사항에 근거하여, 자신의 권리를 증명하는 자료와 부동산의 경계범위, 면적 등 필요한 자료를 제공하여야 한다.	**第十一条** 当事人申请登记， 应当根据不同登记事项提供权属证明和不动产界址， 面积等必要材料。
제12조 등기기관은 아래 각 호에 열거된 직무와 책임을 이행해야 한다. (1) 신청인이 제출한 권리증명 자료와 기타 필요한 자료에 대한 검사 (2) 신청인에게 등기와 관련한 사항에 관한 문의 (3) 사실 내용에 따라 관련 내용의 즉시 등기 (4) 법률, 행정법규로 규정된 기타 직무와 책임 등기를 신청한 부동산과 관련하여 추가 증명이 필요한 경우, 등기기관은 신청인에게 보충자료를 요구할 수 있고, 필요시 등기지역의 현장 조사를 할 수 있다.	**第十二条** 登记机构应当履行下列职责： (一) 查验申请人提供的权属证明和其他必要材料； (二) 就有关登记事项询问申请人； (三) 如实, 及时登记有关事项； (四) 法律, 行政法规规定的其他职责。 申请登记的不动产的有关情况需要进一步证明的， 登记机构可以要求申请人补充材料, 必要时可以实地查看。
제13조 등기 기관은 아래 각 호에 열거된 행위를 요구할 수 없다. (1) 부동산에 대한 감정 평가 진행 요구 (2) 연도별 정기검사 등 명의의 반복 등기 진행	**第十三条** 登记机构不得有下列行为： (一) 要求对不动产进行评估； (二) 以年检等名义进行重复登记； (三) 超出登记职责范围的其他行为。

(3) 등기와 관련한 직무와 책임을 벗어나는 월권적 기타 행위	
제14조 법률 규정에 따라 부동산 물권을 설립, 변경, 양도, 소멸하여야 할 경우, 이에 대한 물권은 부동산 등기부에 등기 내용을 기재하는 시점부터 효력이 발생한다.	**第十四条** 不动产物权的设立, 变更, 转让和消灭, 依照法律规定应当登记的, 自记载于不动产登记簿时发生效力。
제15조 부동산 물권의 계약에 관해 해당 당사자 간의 체결한 설립, 변경, 이전과 소멸 등의 계약은 법률이 정하거나 또는 별도의 계약에 의한 약정이 있는 경우를 제외하고는 계약 성립으로부터 계약에 관한 효력이 발생하다. 물권 등기를 행하지 않은 내용은 계약의 효력에 영향을 미치지 않는다.	**第十五条** 当事人之间订立有关设立, 变更, 转让和消灭不动产物权的合同, 除法律另有规定或者合同另有约定外, 自合同成立时生效；未办理物权登记的, 不影响合同效力。
제16조 부동산등기부는 물권 귀속과 내용의 근거가 된다 부동산등기부는 등기기관이 관리한다.	**第十六条** 不动产登记簿是物权归属和内容的根据。不动产登记簿由登记机构管理。
제17조 부동산권속권리증서는 권리인이 당해 부동산물권을 향유한다는 증명이다. 부동산권리증서에 기재된 사항은 부동산등기부와 일치하여야 한다. 기재가 일치하지 않을 경우, 부동산등기부에 착오가 확실히 있음을 증명하는 증거가 있는 경우를 제외하고 부동산등기부를 기준으로 한다.	**第十七条** 不动产权属证书是权利人享有该不动产物权的证明。不动产权属证书记载的事项, 应当与不动产登记簿一致；记载不一致的, 除有证据证明不动产登记簿确有错误外, 以不动产登记簿为准。

제18조 권리인 및 이해관계인은 등기자료의 기재 내용 확인을 위해 등기기관에 등재내용확인 신청을 할 수 있고, 열람, 복사를 신청할 수 있으며, 등기기관은 이를 제공하여야 한다.	**第十八条** 权利人, 利害关系人可以申请查询, 复制登记资料, 登记机构应当提供。
제19조 권리인, 이해관계인은 부동산등기부상의 기재사항에 착오가 있다고 판단되는 경우, 등기 내용에 관한 정정 신청을 할 수 있다. 부동산등기부에 기재된 권리인이 서면으로 정정에 동의하거나, 또는 등기에 착오가 있음을 증명하는 확실한 증거가 있는 경우, 등기기관은 그 내용을 정정하여야 한다. 부동산등기부에 기재된 권리인이 정정에 동의하지 않는 경우, 이해관계인은 이의등기를 신청할 수 있다. 등기기관이 이의등기를 받아줄 경우, 신청인은 이의등기 일자로부터 15일 내에 소송을 제기하여야 하고, 15일 내에 소송이 이루어지지 않으면, 이의등기는 효력을 상실한다. 이의등기가 부당하여 권리인이 손해를 입었을 경우, 권리인은 신청인에게 손해배상을 청구할 수 있다.	**第十九条** 权利人, 利害关系人认为不动产登记簿记载的事项错误的, 可以申请更正登记。不动产登记簿记载的权利人书面同意更正或者有证据证明登记确有错误的, 登记机构应当予以更正。 不动产登记簿记载的权利人不同意更正的, 利害关系人可以申请异议登记。登记机构予以异议登记的, 申请人在异议登记之日起十五日内不起诉, 异议登记失效。异议登记不当, 造成权利人损害的, 权利人可以向申请人请求损害赔偿。
제20조 당사자 간에 가옥 또는 기타 부동산물권에 관한 매매 협의를 체결한 경우, 장래의 시간에 당사자가 협의한 물	**第二十条** 当事人签订买卖房屋或者其他不动产物权的协议, 为保障将来实现物权, 按

권의 실현을 보장하기 위해 당사자는 약정에 따라 등기기관에 예고등기(가등기)를 신청할 수 있다. 예고등기 후에는 예고등기 시행한 권리인의 동의하에 해당 부동산을 처분할 수 있으며, 예고등기 권리인의 동의 없이 해당 부동산을 처분한 경우, 물권효력은 발생하지 않는다. 예고등기 후 채권이 소멸되었거나, 또는 부동산 등기가 가능한 일로부터 3개월 내에 등기를 신청하지 않을 경우 예고등기는 효력을 상실한다.	照约定可以向登记机构申请预告登记。预告登记后, 未经预告登记的权利人同意, 处分该不动产的, 不发生物权效力。预告登记后, 债权消灭或者自能够进行不动产登记之日起三个月内未申请登记的, 预告登记失效。
제21조 당사자가 등기 신청의 과정에서 허위자료를 제공하여 타인에게 손해를 입힌 경우 이에 대한 배상책임을 져야 한다. 등기기관이 등기착오로 인해 타인에게 손해를 입혔을 경우, 등기기관은 이애 대한 배상책임을 져야 한다. 등기기관은 배상 후 등기착오를 일으킨 책임자에게 사후 배상을 요구할 수 있다.	**第二十一条** 当事人提供虚假材料申请登记, 给他人造成损害的, 应当承担赔偿责任。 因登记错误, 给他人造成损害的, 登记机构应当承担赔偿责任。 登记机构赔偿后, 可以向造成登记错误的人追偿。
제22조 부동산 등기비용은 매 건당 수납하며, 부동산의 면적, 체적 또는 거래가격에 비례하여 수납하지 않는다. 부동산 등기에 관한 구체적비용 기준은 국무원의 관련기관과 주관기관이 동일한 가	**第二十二条** 不动产登记费按件收取, 不得按照不动产的面积, 体积或者价款的比例收取。具体收费标准由国务院有关部门会同价格主管部门规定。

격으로 공동 규정한다.	
제2절 **동산의 교부**	**第二节** **动产交付**
제23조 동산물권의 설립과 양도는 사물을 교부한 시점(이해 관계자 양자가 사물을 전달하고 이를 인도하여 사물을 직접적으로 점유하기 시작한 시점)부터 효력이 발생한다. 단, 법률이 별도 규정하는 경우는 제외한다.	**第二十三条** 动产物权的设立和转让, 自交付时发生效力, 但法律另有规定的除外。
제24조 선박, 항공기, 자동차 등의 물권이 설립, 변경, 양도, 소멸에 관한 등기가 행하여 있지 않을 경우 선의의 제3자(등기 관련 내용을 모르고 교부에 연관된 사람)는 이를 대항할 수 없다.	**第二十四条** 船舶, 航空器和机动车等物权的设立, 变更, 转让和消灭, 未经登记, 不得对抗善意第三人。
제25조 동산물권(동산질권)의 설립 및 양도 전에 권리인이 이미 법에 의거하여 해당 동산을 점유하였을 경우, 물권은 법률행위가 발효된 시점부터 효력이 발생한다.	**第二十五条** 动产物权设立和转让前, 权利人已经依法占有该动产的, 物权自法律行为生效时发生效力。
제26조 동산물권의 설립 및 양도 전에 제3자가 법에 의거하여 해당 동산을 점유하였을 경우, 교부의 의무를 갖고 있는 사람은 제3자에게 원물 반환에 관한 청구 권리를 양도하여 동산물권의 교부	**第二十六条** 动产物权设立和转让前, 第三人依法占有该动产的, 负有交付义务的人可以通过转让请求第三人返还原物的权利代替交付。

를 대체할 수 있다.	
제27조 동산물권의 양도시, 양도인이 해당 동산을 계속 점유하는 것을 양측이 다시 약정하였을 경우, 물권의 효력은 해당 약정이 발효된 시점부터 발생한다.	**第二十七条** 动产物权转让时, 双方又约定由出让人继续占有该动产的, 物权自该约定生效时发生效力。
제3절 **기타 규정**	**第三节** **其他规定**
제28조 인민법원, 중재위원회의 법률문서 또는 인민정부의 수용결정 등에 의해 물권이 설립, 변경, 양도 또는 소멸되는 경우, 물권의 효력은 법률문서 또는 인민정부의 수용결정 등이 발효된 시점부터 발생한다.	**第二十八条** 因人民法院, 仲裁委员会的法律文书或者人民政府的征收决定等, 导致物权设立, 变更, 转让或者消灭的, 自法律文书或者人民政府的征收决定等生效时发生效力。
제29조 상속 또는 유증에 의해 취득한 물권은 상속 또는 유증이 시작된 시점부터 효력이 발생한다.	**第二十九条** 因继承或者受遗赠取得物权的, 自继承或者受遗赠开始时发生效力。
제30조 합법적 사실행위에 의해 건축, 철거된 가옥 등이 설립 또는 소멸되는 경우 이에 대한 물권의 효력은 사실행위가 성취된 시점부터 효력이 발생한다.	**第三十条** 因合法建造, 拆除房屋等事实行为设立或者消灭物权的, 自事实行为成就时发生效力。
제31조 물권법 제28조에서 30조까지의 규정에 의해 부동산물권을 향유하고 있고, 그 해당 물권을 처분할 경우 법률 규정에 의해 등기수속이 필요한 것은 등	**第三十一条** 依照本法第二十八条至第三十条规定享有不动产物权的, 处分该物权时, 依照法律规定需要办理登记的, 未经登记,

기를 하여야 하며, 등기하지 않은 것은 물권효력이 발생하지 않는다.	不发生物权效力。
제3장 **물권의 보호**	**第三章** **物权的保护**
제32조 물권이 침해를 받았을 경우 권리인은 화해, 조정, 중재 또는 소송 등의 방법을 통해 이를 해결할 수 있다.	**第三十二条** 物权受到侵害的, 权利人可以通过和解, 调解, 仲裁, 诉讼等途径解决.
제33조 물권의 귀속 및 내용으로 인해 분쟁이 발생하였을 경우, 이해관계인은 권리 확인을 청구할 수 있다.	**第三十三条** 因物权的归属, 内容发生争议的, 利害关系人可以请求确认权利.
제34조 부동산 또는 동산에 대한 권리가 없는 자가 이를 점유하였을 경우 권리인은 원물의 반환을 청구할 수 있다.	**第三十四条** 无权占有不动产或者动产的, 权利人可以请求返还原物.
제35조 물권에 해를 주거나 또는 물권에 해를 가할 가능성이 있는 경우, 권리인은 해를 입지 않도록 이러한 행위를 배제시킬 수 있고, 또는 해를 입을 수 있는 위험의 제거를 요청할 수 있다.	**第三十五条** 妨害物权或者可能妨害物权的, 权利人可以请求排除妨害或者消除危险.
제36조 부동산 또는 동산의 훼손을 초래한 경우 권리인은 수리, 재제작, 교환 또는 원상태로의 회복을 청구할 수 있다.	**第三十六条** 造成不动产或者动产毁损的, 权利人可以请求修理, 重作, 更换或者恢复原状.
제37조 물권을 침해하여 권리인에게 손해를 입혔을 경우, 권리인은 손해배상을 청구하거나 또는 기타 민사책임을 청	**第三十七条** 侵害物权, 造成权利人损害的, 权利人可以请求损害赔偿, 也可以请求承担其

구할 수 있다.	他民事责任.
제38조 본 장이 규정한 물권 보호방식은 단독으로 적용할 수 있고, 권리침해의 정도에 따라 내용이 합쳐져 통합적으로 적용될 수도 있다.	**第三十八条** 本章规定的物权保护方式, 可以单独适用, 也可以根据权利被侵害的情形合并适用.
물권을 침해하였을 경우에는 민사책임은 지고, 행장정리규정을 위반하였을 경우에는 법에 의거하여 행정책임을 지며, 범죄 구성요건이 성립되었을 경우에는 법에 의거하여 형사책임에 관한 추궁을 받는다.	侵害物权, 除承担民事责任外, 违反行政管理规定的, 依法承担行政责任；构成犯罪的, 依法追究刑事责任.
제2편 **소유권**	**第二编** **所有权**
제4장 **일반 규정**	**第四章** **一般规定**
제39조 소유권인은 법에 의거하여 본인의 부동산 과 동산에 대한 점유, 사용, 수익 및 처분의 권리를 갖는다.	**第三十九条** 所有权人对自己的不动产或者动产, 依法享有占有,使用,收益和处分的权利.
제40조 소유권인은 본인의 부동산 또는 동산에 대해 용익물권과 담보물권 설립의 권리를 갖는다. 용익물권인과 담보물권인이 그 권리를 행사할 경우 소유권인의 권익을 침해할 수 없다.	**第四十条** 所有权人有权在自己的不动产或者动产上设立用益物权和担保物权. 用益物权人,担保物权人行使权利, 不得损害所有权人的权益.

제41조 법률규정에 따라 국가 전속소유의 부동산과 동산은 어떠한 조직이나 개인도 소유권을 취득할 수 없다.	**第四十一条** 法律规定专属于国家所有的不动产和动产，任何单位和个人不能取得所有权.
제42조 공공 이익의 수요를 위해, 법률이 규정하는 권한과 수속에 따라, 집체소유의 토지와 단위(조직), 개인의 가옥 및 기타부동산을 수용할 수 있다. 집체소유의 토지를 수용하는 경우에는 법에 의거하여 토지보상비, 정착보조비, 지상부착물 및 재배중인 농작물의 보상비 등을 그 규모에 맞게 지불하여야 하고, 피수용지 농민의 사회보장비용을 준비하여야하며, 피수용지역 농민의 권익을 합법적으로 보호하여야 한다. 단위(조직), 개인가옥 및 기타 부동산을 수용하는 경우, 법에 의거 철거·이전비를 보상하여야 하고 개인의 주택을 수용하는 경우에는 피수용인의 거주조건을 보장하여야 한다. 어떠한 단위(조직)나 개인도 수용보상비 등의 비용을 횡령, 남용, 자의적 배분, 자금유보 및 체불할 수 없다.	**第四十二条** 为了公共利益的需要， 依照法律规定的权限和程序可以征收集体所有的土地和单位，个人的房屋及其他不动产. 征收集体所有的土地， 应当依法足额支付土地补偿费，安置补助费，地上附着物和青苗的补偿费等费用， 安排被征地农民的社会保障费用， 保障被征地农民的生活， 维护被征地农民的合法权益. 征收单位，个人的房屋及其他不动产，应当依法给予拆迁补偿， 维护被征收人的合法权益；征收个人住宅的， 还应当保障被征收人的居住条件. 任何单位和个人不得贪污，挪用，私分，截留，拖欠征收补偿费等费用.
제43조 국가는 경지에 대해 특수보호를 실시하고, 농용지의 건설용지 전용을 엄격히 제한하며, 건설용지의 총량을 통제하여야 한다. 법률이 규정한 권한	**第四十三条** 国家对耕地实行特殊保护，严格限制农用地转为建设用地，控制建设用地总量. 不得违反法律规定的权限和程序征收集体所有的土地.

과 절차를 위반하고 집체소유 토지를 수용할 수 없다.	
제44조 위험, 재난구조 등 긴급 상황 발생시에는 법률이 규정한 권한과 절차에 따라 단위(조직)와 개인의 부동산과 또는 동산을 수용할 수 있다. 수용된 부동산 또는 동산을 사용한 후에는 피수용인에게 반환해야 한다. 단위, 개인의 부동산 또는 동산이 수용되었거나 또는 수용 후 훼손, 멸실이 되었을 경우에는 이에 따른 보상을 하여야 한다.	**第四十四条** 因抢险,救灾等紧急需要, 依照法律规定的权限和程序可以征用单位,个人的不动产或者动产.被征用的不动产或者动产使用后, 应当返还被征用人.单位,个人的不动产或者动产被征用或者征用后毁损,灭失的, 应当给予补偿.
제5장	**第五章**
국가소유권과 집체소유권, 개인소유권	**国家所有权和集体所有权,私人所有权**
제45조 법률이 규정하는 국가소유의 재산은 국가 소유, 즉 전민소유에 속한다. 국유재산은 국무원이 국가를 대표하여 소유권을 행사한다. 그리고 이와 관련하여 법률에 따른 별도의 규정은 그 당해 규정에 따른다.	**第四十五条** 法律规定属于国家所有的财产, 属于国家所有即全民所有. 国有财产由国务院代表国家行使所有权;法律另有规定的, 依照其规定.
제46조 광물자원, 수역, 해역은 국가소유에 속한다.	**第四十六条** 矿藏,水流,海域属于国家所有.
제47조 도시 토지는 국가소유에 속한다. 법률이 규정하는 국가소유의 농촌 토지와 도시교외의 토지는 국가소유에	**第四十七条** 城市的土地, 属于国家所有.法律规定属于国家所有的农村和城市郊区的土

속한다.	地, 属于国家所有.
제48조 삼림, 산봉우리(산악), 초원, 황무지, 간석지 등 자연자원은 국가소유에 속한다. 단, 법률이 집체소유에 속한다고 규정한 것은 제외한다.	**第四十八条** 森林, 山岭, 草原, 荒地, 滩涂等自然资源, 属于国家所有, 但法律规定属于集体所有的除外.
제49조 법률이 규정하는 국가 소유의 야생동식물자원은 국가소유에 속한다.	**第四十九条** 法律规定属于国家所有的野生动植物资源, 属于国家所有.
제50조 무선전신(라디오) 주파수스펙트럼은 국가소유에 속한다.	**第五十条** 无线电频谱资源属于国家所有.
제51조 법률로 규정한 국가소유의 문물은 국가소유에 속한다.	**第五十一条** 法律规定属于国家所有的文物, 属于国家所有.
제52조 국방자산은 국가소유에 속한다. 철도, 공공도로, 전력설비, 전신설비 및 석유 가스 파이프라인 등 법률에 의한 국가 소유의 인프라 설비는 국가소유에 속한다.	**第五十二条** 国防资产属于国家所有. 铁路, 公路, 电力设施, 电信设施和油气管道等基础设施, 依照法律规定为国家所有的, 属于国家所有.
제53조 국가기관은 국가가 직접 지배하는 부동산 또는 동산에 대한 점유와 사용의 권리를 갖고, 법률과 국무원의 관계 규정에 의거하여 이를 처분하는 권리를 갖는다.	**第五十三条** 国家机关对其直接支配的不动产和动产, 享有占有, 使用以及依照法律和国务院的有关规定处分的权利.
제54조 국가가 관리 경영하는 사업단위는 그 사업단위가 직접 지배하는 부동산 또는 동산에 대한 점유 사용와 사용의 권	**第五十四条** 国家举办的事业单位对其直接支配的不动产和动产, 享有占有, 使用以及依

리를 갖으며, 법률과 국무원의 관련규정에 의한 수익과 처분의 권리를 갖는다.	照法律和国务院的有关规定收益,处分的权利.
제55조 국가 출자 기업에 대해서는 국무원 및 지방 인민정부가 법률과 행정법규 규정에 의거하여 각 부분별로 국가를 대표하여 출자인으로서의 직책과 책임을 이행하고 출자인으로서의 권익을 갖는다.	**第五十五条** 国家出资的企业, 由国务院,地方人民政府依照法律,行政法规规定分别代表国家履行出资人职责, 享有出资人权益.
제56조 국가 소유의 재산은 법률 보호를 받고, 어떠한 조직이나 개인도 침범하여 점령하거나, 탈취, 자의 배분, 유보, 파괴하는 것을 금지한다.	**第五十六条** 国家所有的财产受法律保护, 禁止任何单位和个人侵占,哄抢,私分,截留,破坏.
제57조 국유재산을 관리, 감독하는 직무와 이를 이행하는 국가기관과 기관의 직원은 법에 의거하여 국유재산에 대한 관리, 감독을 강화하여야 하고, 국유재산의 보전의 가치를 증가 촉진하여야 하며, 국유재산의 손실을 방지해야 한다. 직권을 남용하거나 직무를 소홀히 하여 국유재산의 손실을 초래한 경우에는 법에 따른 법률적 책임을 져야한다.	**第五十七条** 履行国有财产管理,监督职责的机构及其工作人员, 应当依法加强对国有财产的管理,监督, 促进国有财产保值增值, 防止国有财产损失；滥用职权, 玩忽职守, 造成国有财产损失的, 应当依法承担法律责任.
국유재산 관리규정을 위반하고 기업개편, 기업합병, 기업분할을 하거나 거래 관련 과정 중 저가양도, 개인횡령공모, 무단 담보설정 또는 기타 방식으로 국유재산의 손실을 초래하였을 경우에는 이	违反国有财产管理规定, 在企业改制,合并分立,关联交易等过程中, 低价转让,合谋私分,擅自担保或者以其他方式造成国有财产损失的, 应当依法承担法律责任.

에 따른 법률책임을 져야한다.	
제58조 집체소유의 부동산과 동산은 아래의 것을 포함한다.	**第五十八条** 集体所有的不动产和动产包括：
(1) 법률이 규정하고 있는 집체소유의 토지, 삼림. 산봉우리(산악), 초원, 황무지, 간척지	(一) 法律规定属于集体所有的土地和森林, 山岭, 草原, 荒地, 滩涂；
(2) 집체소유의 건축물, 생산설비, 농경지 수리설비	(二) 集体所有的建筑物, 生产设施, 农田水利设施；
(3) 집체소유의 교육, 과학, 문화, 위생 및 체육 등의 설비	(三) 集体所有的教育, 科学, 文化, 卫生, 体育等设施；
(4) 집체소유의 기타 부동산과 동산	(四) 集体所有的其他不动产和动产.
제59조 농민 집체소유의 부동산과 동산은 해당 집체 구성원의 집체소유에 속한다.	**第五十九条** 农民集体所有的不动产和动产, 属于本集体成员集体所有.
아래 각 호의 열거 사항은 법이 정하는 절차에 따라, 해당 집체 구성원의 결정을 거쳐야 한다.	下列事项应当依照法定程序经本集体成员决定：
(1) 토지도급방안(토지승포방안) 및 토지 도급을 해당 집체 이외의 조직 또는 개인에게 하청을 주려고 할 경우	(一) 土地承包方案以及将土地发包给本集体以外的单位或者个人承包；
(2) 개별 토지도급경영권이 있는 사람 간의 도급지 조정이 필요한 경우	(二) 个别土地承包经营权人之间承包地的调整；
(3) 토지보상비 등 비용의 사용 및 분배가 필요한 경우	(三) 土地补偿费等费用的使用, 分配办法；
(4) 집체가 출자한 기업의 소유권 변동에 관한 사항이 있을 경우	(四) 集体出资的企业的所有权变动等事项；
	(五) 法律规定的其他事项.

(5) 법률로 규정된 기타 사항의 경우	
제60조 집체소유의 토지와 삼림, 산봉우리(산악), 초원, 황무지, 간척지에 대해서는 아래 각호에 열거된 규정에 의거 소유권을 행사한다.	**第六十条** 对于集体所有的土地和森林, 山岭, 草原, 荒地, 滩涂等, 依照下列规定行使所有权：
(1) 소유권을 촌농민집체가 소유하고 있는 경우, 촌집체경제조직 또는 촌민위원회가 집체를 대표하여 소유권을 행사한다.	(一) 属于村农民集体所有的, 由村集体经济组织或者村民委员会代表集体行使所有权；
(2) 소유권을 촌내 2개 이상의 농민집체가 소유하는 경우, 촌내 해당 각 집체경제조직 또는 촌민소조가 집체를 대표하여 소유권을 행사한다.	(二) 分别属于村内两个以上农民集体所有的, 由村内各该集体经济组织或者村民小组代表集体行使所有权；
(3) 소유권을 향진농민집체가 소유하고 있는 경우, 향진 집체경제조직이 집체를 대표하여 소유권을 행사한다.	(三) 属于乡镇农民集体所有的, 由乡镇集体经济组织代表集体行使所有权.
제61조 도시집체 소유의 부동산과 동산은 법률과 행정법규의 규정에 따라, 해당 본 집체가 점유, 사용, 수익 및 처분의 권리를 갖는다.	**第六十一条** 城镇集体所有的不动产和动产, 依照法律, 行政法规的规定由本集体享有占有, 使用, 收益和处分的权利.
제62조 집체경제조직 또는 촌민위원회, 촌민소조는 법률과 행정법규, 장정 및 촌민규약에 의거 해당 집체의 구성원에게 집체재산의 상황을 공포해야 한다.	**第六十二条** 集体经济组织或者村民委员会, 村民小组应当依照法律, 行政法规以及章程, 村规民约向本集体成员公布集体财产的状况.
제63호 집체소유의 재산은 법률의 보호	**第六十三条**

를 받으며, 어떠한 단위 또는 개인도 침범하여 점령하거나, 탈취, 자의 분배, 파괴하는 것을 금지한다. 집체경제조직, 촌민위원회 또는 그 책임자가 내린 결정이 집체 구성원의 합법적 권익을 침해 하였을 경우, 침해를 받은 집체의 구성원은 인민법원에 철회를 청구할 수 있다.	集体所有的财产受法律保护, 禁止任何单位和个人侵占,哄抢,私分,破坏. 集体经济组织,村民委员会或者其负责人作出的决定侵害集体成员合法权益的, 受侵害的集体成员可以请求人民法院予以撤销.
제64조 개인은 수입, 가옥, 생활용품, 생산공구, 원재료 등 합법적 부동산과 동산에 대한 소유권을 갖는다.	**第六十四条** 私人对其合法的收入,房屋,生活用品,生产工具,原材料等不动产和动产享有所有权.
제65조 합법적인 개인의 저축, 투자 및 기타 수익은 법률의 보호를 받는다. 국가는 법률 규정에 의거하여 개인의 상속권과 기타 합법적 권익을 보호한다.	**第六十五条** 私人合法的储蓄,投资及其收益受法律保护. 国家依照法律规定保护私人的继承权及其他合法权益.
제66조 합법적인 개인의 재산은 법률 보호를 받으며, 어떠한 단위나 개인도 침범하여 점령하거나, 탈취, 파괴하는 것을 금지한다.	**第六十六条** 私人的合法财产受法律保护, 禁止任何单位和个人侵占,哄抢,破坏.
제67조 국가, 집체, 개인은 법에 의거하여 유한책임회사, 주식유한회사, 또는 기타 기업의 설립을 위해 출자할 수 있고, 이와 같은 기업을 설립할 수 있다. 국가, 집체, 개인이 소유한 부동산 또는 동	**第六十七条** 国家,集体和私人依法可以出资设立有限责任公司,股份有限公司或者其他企业. 国家,集体和私人所有的不动产或者动产, 投到企业的, 由出资人按

산이 기업에 투자된 경우, 출자자는 약정 또는 출자비율에 따라 자산수익, 중대 정책결정 및 경영관리자 선정 등에 관한 권리를 갖고 이와 동시에 이를 이행하는 의무를 갖는다.	照约定或者出资比例享有资产收益,重大决策以及选择经营管理者等权利并履行义务.
제68조 기업법인은 법률, 행정법규 및 장정에 의거하여 해낭 부동산과 동산에 대한 점유, 사용, 수익과 처분에 관한 권리를 갖는다.	**第六十八条** 企业法人对其不动产和动产依照法律,行政法规以及章程享有占有,使用,收益和处分的权利.
기업법인 이외의 법인은 부동산과 동산의 해당 권리에 대해, 관련 법률, 행정법규 및 장정의 규정을 적용한다.	企业法人以外的法人, 对其不动产和动产的权利, 适用有关法律,行政法规以及章程的规定.
제69조 사회단체가 법에 의거하여 소유하는 부동산과 동산은 법률의 보호를 받는다.	**第六十九条** 社会团体依法所有的不动产和动产,受法律保护.
제6장 **업주의 건축물 구분 소유권**	**第六章** **业主的建筑物区分所有权**
제70조 업주는 건물내의 주택과 경영이 가능한 건물 등에 대해 이에 해당하는 만큼의 고유 소유권을 갖으며, 고유 소유권 부분 이외의 공유부분에 대해서는 공유와 공동관리의 권리를 갖는다.	**第七十条** 业主对建筑物内的住宅,经营性用房等专有部分享有所有权, 对专有部分以外的共有部分享有共有和共同管理的权利.
제71조 업주는 본인의 건축물 고유부분에 대해 점유, 사용, 수익 및 처분하는	**第七十一条** 业主对其建筑物专有部分享有占有,

권리를 갖는다. 업주는 권리 행사시 건물의 안전에 위급을 가할 수 없으며, 다른 업주의 합법적 권익에 손해를 가할 수 없다.	使用,收益和处分的权利.业主行使权利不得危及建筑物的安全, 不得损害其他业主的合法权益.
제72조 업주는 건축물 고유부분 이외의 공유부분에 대해 권리를 갖으며, 이에 상응하는 의무를 갖는다. 권리를 포기할 수 없고, 의무를 불이행 할 수 없다. 업주가 건축물내의 주택 또는 경영이 가능한 건물을 양도하는 경우, 해당 업주가 부분적으로 갖고 있는 공유부분에 대한 공유와 공동관리의 권리는 동시에 양도된다.	**第七十二条** 业主对建筑物专有部分以外的共有部分, 享有权利, 承担义务 ; 不得以放弃权利不履行义务. 业主转让建筑物内的住宅,经营性用房, 其对共有部分享有的共有和共同管理的权利一并转让.
제73조 건축구획내의 도로는 업주의 공유 권리에 속한다. 단, 도시의 공공도로에 속하는 경우에는 제외한다. 건축구획내의 녹지는 업주의 공유에 속한다. 단, 도시 공공녹지 또는 개인에게 속한다고 명시된 경우는 제외한다. 건축구획내의 기타 공공장소, 공용설비 및 관리 서비스용 방은 업주의 공유에 속한다.	**第七十三条** 建筑区划内的道路, 属于业主共有, 但属于城镇公共道路的除外.建筑区划内的绿地, 属于业主共有, 但属于城镇公共绿地或者明示属于个人的除外.建筑区划内的其他公共场所,公用设施和物业服务用房, 属于业主共有.
제74조 건축구획내에 자동차의 주정차용으로 규획되어 있는 주정차 자리와 차고는 우선적으로 업주의 수요를 만족시켜야 한다. 건축구획내에 자동차 주정차용으로 규	**第七十四条** 建筑区划内, 规划用于停放汽车的车位,车库应当首先满足业主的需要. 建筑区划内, 规划用于停放汽车的车位,车库的归属, 由当事人通过出售,

획되어 있는 주정차 자리와 차고의 귀속은 당사자가 매각, 무상으로 끼워주기(부증) 또는 임대 등 방식을 통해 약정한다.	附赠或者出租等方式约定.
업주가 공유하는 도로 또는 기타 용지를 점용하여 자동차 주정차 자리로 사용하고 있는 경우 업주의 공유에 속한다.	占用业主共有的道路或者其他场地用于停放汽车的车位, 属于业主共有.
제75조 업주는 업주 회의를 설립할 수 있고, 업주위원회 선거를 할 수 있다.	**第七十五条** 业主可以设立业主大会, 选举业主委员会.
지방인민정부의 관련기관은 업주 회의의 설립과 업주위원회의 선거에 대해 지도와 협조를 해야 한다.	地方人民政府有关部门应当对设立业主大会和选举业主委员会给予指导和协助.
제76조 아래 각호 열거 사항은 업주가 공동으로 결정한다.	**第七十六条** 下列事项由业主共同决定：
(1) 업주 회의 의사규칙에 관한 제정 및 수정 사항	(一) 制定和修改业主大会议事规则；
(2) 건축물 및 기타 부속 관리설비의 관리규약에 관한 제정 및 개정 사항	(二) 制定和修改建筑物及其附属设施的管理规约；
(3) 업주위원회의 선거 또는 업주위원회 구성원 변경에 관한 사항	(三) 选举业主委员会或者更换业主委员会成员；
(4) 단지의 관리기업과 기타 관리인의 선임 및 해임에 관한 사항	(四) 选聘和解聘物业服务企业或者其他管理人；
(5) 건축물 및 기타 부속설비의 유지, 수리에 관한 자금의 조달 및 사용에 관한 사항	(五) 筹集和使用建筑物及其附属设施的维修资金；
(6) 건축물 및 기타 부속설비의 개축, 재건에 관한 사항	(六) 改建, 重建建筑物及其附属设施；
	(七) 有关共有和共同管理权利的其他重大事项.

(7) 공유와 공동관리의 권리와 관련된 기타 중대 사항 전항 제(5)호 및 제(6)호의 규정 사항을 결정하는 경우에는 고유부분(전유부분)이 건축물 총면적의 3분의 2이상을 점하는 업주와 총 인원수의 3분의 2 이상을 점하는 업주의 동의가 거쳐야 한다. 전항의 기타사항을 결정하는 경우에는 고유부분(전유부분)이 건축물 총면적의 과반수를 점하는 업주와 과반수를 점하는 업주의 동의를 거쳐야 한다.	决定前款第五项和第六项规定的事项，应当经专有部分占建筑物总面积三分之二以上的业主且占总人数三分之二以上的业主同意.决定前款其他事项，应当经专有部分占建筑物总面积过半数的业主且占总人数过半数的业主同意.
제77조 업주는 법률, 법규 및 관리규약을 위반하고 주택을 경영 목적의 사용 공간으로 변경할 수 없다. 업주가 주택을 경영 목적의 공간으로 사용하기 위해 이를 개조하는 경우에는, 법률, 법규 및 관리규약을 준수하여야 하고 이해관계가 있는 업주의 동의를 거쳐야 한다.	**第七十七条** 业主不得违反法律,法规以及管理规约，将住宅改变为经营性用房.业主将住宅改变为经营性用房的，除遵守法律,法规以及管理规约外，应当经有利害关系的业主同意.
제78조 업주회의 또는 업주 위원회의 결정은 업주에 대한 구속력을 가진다. 업주 회의 또는 업주위원회가 결정한 내용이 업주의 합법적 권익을 침해한 경우, 침해를 받은 업주는 인민법원에 이에 대한 철회를 청구할 수 있다.	**第七十八条** 业主大会或者业主委员会的决定，对业主具有约束力. 业主大会或者业主委员会作出的决定侵害业主合法权益的，受侵害的业主可以请求人民法院予以撤销.
제79조 건축물 및 그 부속시설의 유지, 수리의 자금은 업주들의 공유에 속한다.	**第七十九条** 建筑物及其附属设施的维修资金，属

업주 공동의 결정을 거친 경우, 엘리베이터, 물탱크 등 공유부분을 유지, 수선 목적에 사용할 수 있다. 유지, 수선자금의 조달과 사용상황은 마땅히 공포한다.	于业主共有.经业主共同决定, 可以用于电梯,水箱等共有部分的维修.维修资金的筹集,使用情况应当公布.
제80조 건축물 및 그 부속설비의 비용분담, 수익분배 등의 사항에 관한 약정이 있는 경우, 약정에 근거한다. 약정이 없거나 또는 약정이 불명확한 경우에는 업주의 고유부분(전유부분)이 건축물 총 면적에 점유하고 있는 비례에 따라 이를 확정한다.	**第八十条** 建筑物及其附属设施的费用分摊,收益分配等事项, 有约定的, 按照约定;没有约定或者约定不明确的, 按照业主专有部分占建筑物总面积的比例确定.
제81조 업주는 건축물 및 그 부속설비를 자체관리 할 수 있고, 위탁 관리기업 또는 기타 관리인을 통해 위탁관리를 할 수 있다. 건설업체가 초빙한 단지관리기업 또는 기타 관리인은 예주가 법에 의하여 교체 변경할 권리를 갖는다.	**第八十一条** 业主可以自行管理建筑物及其附属设施, 也可以委托物业服务企业或者其他管理人管理. 对建设单位聘请的物业服务企业或者其他管理人, 业主有权依法更换.
제82조 단지 관리기업 또는 기타 관리인은 업주의 위탁관리에 근거, 건축구획 내의 건축물 및 그 부속설비을 관리하고, 이와 동시에 업주의 감독을 받는다.	**第八十二条** 物业服务企业或者其他管理人根据业主的委托管理建筑区划内的建筑物及其附属设施, 并接受业主的监督.
제83조 업주는 법률, 법규 및 관리규약을 준수 하여야 한다. 업주회의와 업주위원회는 법률, 법규 및 관리규약에 의거하여, 임의적 쓰레기 방치, 오염물 또	**第八十三条** 业主应当遵守法律,法规以及管理规约. 业主大会和业主委员会, 对任意弃置垃圾,排放污染物或者噪声,违反规

는 소음 배출, 규정에 위반된 동물 사육, 규약에 위반된 증개축, 통로 점거, 관리비 지불 거절 등으로 인해 타인의 합법적 권익이 손해를 입는 경우에 대해 위험을 제거하고 다른 사람의 방해를 받지 않으며, 이로 인해 발생하는 침해에 대한 정지와 손실배상을 요구할 수 있다.
업주는 본인의 합법적 권익을 침해하는 행위에 대해 법에 의거하여 인민법원에 소송을 제기할 수 있다.

定饲养动物,违章搭建,侵占通道,拒付物业费等损害他人合法权益的行为,有权依照法律,法规以及管理规约,要求行为人停止侵害,消除危险,排除妨害,赔偿损失.业主对侵害自己合法权益的行为, 可以依法向人民法院提起诉讼.

제7장
인접 관계

第七章
相邻关系

제84조 부동산에 인접한 권리인은 유리한 생산, 생활의 편리, 단결과 상호협조, 공평과 합리의 원칙에 따라 인접한 이웃들과 정확하게 이를 처리하여야 한다.

第八十四条
不动产的相邻权利人应当按照有利生产,方便生活,团结互助,公平合理的原则,正确处理相邻关系.

제85조 이웃과의 관계 처리에 대한 법률, 법규의 규정이 있을 경우에는 당해 규정에 따라 처리한다. 이웃과의 관계 처리를 위한 법률, 법규가 규정되어 있는 않은 경우에는 당지의 관습 관행에 따라 처리할 수 있다.

第八十五条
法律,法规对处理相邻关系有规定的,依照其规定；法律,法规没有规定的,可以按照当地习惯.

제86조 부동산 권리인은 인접, 이웃한 권리인의 용수와 배수를 위해 필요한 편

第八十六条
不动产权利人应当为相邻权利人用水,

의를 제공하여야 한다. 자연적 유수(흐르는 물)에 대해서는 부동산이 서로 인접, 이웃한 권리인 간에 합리적으로 분배되어야 한다. 자연유수로 인해 발생하는 배출, 방류에 대해서는 자연적으로 물이 흐르는 방향을 존중하여야 한다.	排水提供必要的便利. 对自然流水的利用，应当在不动产的相邻权利人之间合理分配.对自然流水的排放，应当尊重自然流向.
제87조 부동산 권리인은 인접, 이웃한 권리인이 통행 등을 이유로 그 해당 부동산 권리인의 토지를 반드시 이용하여야 할 경우, 필요한 편의를 제공해야 한다.	**第八十七条** 不动产权利人对相邻权利人因通行等必须利用其土地的，应当提供必要的便利.
제88조 부동산 권리인이 건축물의 제조, 수선 및 전선, 전기 케이블, 수도관, 난방 공급관, 가스 공급관 등의 부설을 이유로 인접, 이웃하는 토지, 건축물을 반드시 이용하여야 할 경우, 그 해당 토지, 건축물의 권리인은 필요한 편의를 제공해야 한다.	**第八十八条** 不动产权利人因建造,修缮建筑物以及铺设电线,电缆,水管,暖气和燃气管线等必须利用相邻土地,建筑物的，该土地,建筑物的权利人应当提供必要的便利.
제89조 건축물을 건축 제조하는 경우, 국가의 유관 공정건설 기준을 위반해서는 안 되고, 인접, 이웃한 건축물의 통풍, 채광 및 일조의 권리를 방해할 수 없다.	**第八十九条** 建造建筑物，不得违反国家有关工程建设标准，妨碍相邻建筑物的通风,采光和日照.
제90조 부동산 권리인은 국가가 규정한 고체폐기물의 유기, 방치의 규정을 위반해서는 안 되고, 대기오염물, 수질오염물, 소음, 빛, 전자파 방사 등 유해물	**第九十条** 不动产权利人不得违反国家规定弃置固体废物，排放大气污染物,水污染物,噪声,光,电磁波辐射等有害物质.

질을 배출해서는 안 된다.	
제91조 부동산 권리인이 토지굴착, 건축물 제조, 파이프라인 부설 및 설비시설 등을 설치 할 경우, 인접, 이웃한 부동산의 안전에 위해를 가해서는 안 된다.	**第九十一条** 不动产权利人挖掘土地,建造建筑物,铺设管线以及安装设备等, 不得危及相邻不动产的安全.
제92조 부동산 권리인이 용수, 배수, 통행, 파이프라인 부설 등을 사유로 인접, 이웃한 부동산을 이용하는 경우, 인접, 이웃한 부동산 권리인에게 손해를 입히는 행위를 최대한 피하여야 하고, 손해를 입혔을 경우 배상을 해야 한다.	**第九十二条** 不动产权利人因用水,排水,通行,铺设管线等利用相邻不动产的, 应当尽量避免对相邻的不动产权利人造成损害;造成损害的, 应当给予赔偿.
제8장 **공유**	**第八章** **共有**
제93조 부동산 또는 동산은 둘 이상의 단위(조직) 또는 개인이 공유할 수 있다. 공유는 합유(JOINT OWNERSHIP, 개인의 지분에 따른 연합 소유)와 공동공유가 있다.	**第九十三条** 不动产或者动产可以由两个以上单位, 个人共有. 共有包括按份共有和共同共有.
제94조 합유의 부동산 또는 동산에 대해 각 합유자는 그 지분에 근거하여 소유권(합유권)을 향유한다.	**第九十四条** 按份共有人对共有的不动产或者动产按照其份额享有所有权.
제95조 공동공유인은 공유의 부동산 또는 동산에 대해 공동의 소유권을 향유한다.	**第九十五条** 共同共有人对共有的不动产或者动产共同享有所有权.

제96조 공유인은 약정에 따라 공유의 부동산 또는 동산을 관리한다. 약정이 없거나 또는 약정이 불명확한 경우, 각 공유인 모두는 관리의 권리와 의무를 갖는다.	**第九十六条** 共有人按照约定管理共有的不动产或者动产；没有约定或者约定不明确的，各共有人都有管理的权利和义务.
제97조 공유의 부동산 또는 동산의 처분 및 공유의 부동산 또는 동산에 대해 중대한 수선을 행하는 경우에는 합유자 3분의 2이상의 동의 또는 공동공유자 전체의 동의를 거쳐야 한다. 단, 공유자간의 별도 약정이 있는 경우에는 별도의 약정에 따른다.	**第九十七条** 处分共有的不动产或者动产以及对共有的不动产或者动产作重大修缮的，应当经占份额三分之二以上的按份共有人或者全体共同共有人同意， 但共有人之间另有约定的除外.
제98조 공유물의 관리비용 및 기타 부담에 대해 약정이 있는 경우에는 그 약정에 따른다. 약정이 없거나 약정이 불명확한 경우 합유자는 합유의 지분에 따라 부담하고 공동공유자는 공동으로 이를 부담한다.	**第九十八条** 对共有物的管理费用以及其他负担，有约定的， 按照约定；没有约定或者约定不明确的， 按份共有人按照其份额负担，共同共有人共同负担.
제99조 공유인 약정은 공유 부동산 또는 동산을 분할할 수 없고, 공유관계로 유지하는 경우에는 그 약정에 따라야 한다. 단, 공유인이 중대 이유로 분할을 필요로 하는 경우에는 분할을 청구할 수 있다. 약정이 없거나 또는 약정이 불명확한 경우 각 합유자는 수시로 분할을 청구할 수	**第九十九条** 共有人约定不得分割共有的不动产或者动产，以维持共有关系的，应当按照约定， 但共有人有重大理由需要分割的， 可以请求分割；没有约定或者约定不明确的， 按份共有人可以随时请求分割， 共同共有人在共有的基础丧失或者有重大理由需要分割时可以请

있고, 공동공유인은 공유의 기초 상실 또는 중대 이유로 인해 분할을 필요로 할 시 분할을 청구할 수 있다. 분할로 인해 기타 공유인에게 손해를 입혔을 경우에는 배상을 하여야 한다.

求分割.因分割对其他共有人造成损害的, 应当给予赔偿.

제100조 공유인은 협의를 통해 분할방식을 확정할 수 있다. 협상이 합의에 달하지 못하였을 경유, 공유의 부동산 또는 동산은 분할이 가능하고, 더 나아가 분할로 인해 가치가 감손되지 않았을 경우 실물을 분할하여야 한다. 분할이 어렵거나 또는 분할로 인해 가치가 감손 되었을 경우에는 상품을 할인 판매하여 환산하거나 또는 경매, 물건을 판매하여 돈으로 바꾸는 환금 처분하고 이를 통해 취득한 대금은 분할하여야 한다.

분할에 의해 공유인이 취득한 부동산 또는 동산에 하자가 있을 경우, 기타 공유인은 그 손실을 함께 분담하여야 한다.

第一百条

共有人可以协商确定分割方式.达不成协议, 共有的不动产或者动产可以分割并且不会因分割减损价值的, 应当对实物予以分割；难以分割或者因分割会减损价值的, 应当对折价或者拍卖,变卖取得的价款予以分割.

共有人分割所得的不动产或者动产有瑕疵的, 其他共有人应当分担损失.

제101조 합유의 각 소유인은 본인이 갖고 있는 공유의 부동산 또는 동산의 지분을 양도할 수 있다. 기타 공유인은 동등의 조건하에서 이에 대한 우선 구매 권리를 갖는다.

第一百零一条

按份共有人可以转让其享有的共有的不动产或者动产份额.其他共有人在同等条件下享有优先购买的权利.

제102조 공유의 부동산 또는 동산으로 인해 발생하는 채권채무는 대외관계상

第一百零二条

因共有的不动产或者动产产生的债权

공유인이 함께 채권에 관한 연대권리를 향유하고, 공유인이 함께 연대적으로 채무에 관한 책임을 갖는다. 단, 법률로 별도의 규정이 있거나 또는 제3자가 공유인이 연대 채권 채무관계에 있지 않다는 사실을 알고 있는 경우에는 제외한다. 합유자는 공유인의 내부관계상 공유인이 별도의 약정이 있는 경우를 제외하고, 지분에 따라 채권을 보유하고 채무를 인수하며, 공동공유인은 공동으로 채권을 갖고 채무의 책임을 다한다. 상환채무가 자신의 책임지분을 초과하는 합유자는 기타 공유인에게 사후 배상을 요구할 수 있는 권리를 갖는다.	债务, 在对外关系上, 共有人享有连带债权,承担连带债务, 但法律另有规定或者第三人知道共有人不具有连带债权债务关系的除外；在共有人内部关系上, 除共有人另有约定外, 按份共有人按照份额享有债权,承担债务, 共同共有人共同享有债权,承担债务.偿还债务超过自己应当承担份额的按份共有人, 有权向其他共有人追偿.
제103조 공유인이 공유의 부동산 또는 동산에 대해, 합유 또는 공동소유의 약정을 하지 않았거나 또는 약정이 불명확한 경우, 공유인이 가족관계 등인 경우를 제외하고는 합유로 간주한다.	**第一百零三条** 共有人对共有的不动产或者动产没有约定为按份共有或者共同共有, 或者约定不明确的, 除共有人具有家庭关系等外, 视为按份共有.
제104조 합유 공유자는 공유의 부동산 또는 동산에 대해 합유자가 갖는 지분에 대해 약정이 없거나 또는 약정이 불명확한 경우 출자액에 따라 확정한다. 출자액을 확정할 수 없는 경우에는 동수로 권리를 갖는 것으로 간주한다.	**第一百零四条** 按份共有人对共有的不动产或者动产享有的份额, 没有约定或者约定不明确的, 按照出资额确定；不能确定出资额的, 视为等额享有.

제105조 둘 이상의 조직, 개인이 공동으로 용익물권, 담보물권을 갖는 경우에는 본 장의 규정을 참조한다.	**第一百零五条** 两个以上单位, 个人共同享有用益物权,担保物权的, 参照本章规定.
제9장 **소유권 취득의 특별 규정**	**第九章** **所有权取得的特别规定**
제106조 처분권이 없는 자가 부동산 또는 동산을 양수인에게 양도하고자 할 경우, 소유권인은 회수의 권리를 갖는다. 법률이 정한 별도 규정을 경우를 제외하고, 아래 각호에서 열거하는 상황에 부합되는 경우, 양수인은 해당 부동산 또는 동산의 소유권을 취득한다. (1) 양수인이 해당 부동산 또는 동산을 양수 시, 선의로 진행한 경우 (2) 합리적 가격으로 양도가 이루어진 경우 (3) 양도된 부동산 또는 동산이 법률 규정에 따라 등기 과정을 마치고, 등기가 필요 없는 경우 등기 없이 양수인에게 교부 되었을 경우 양수인이 전항 규정에 의거하여 부동산 또는 동산의 소유권을 취득한 경우, 원 소유권인은 처분권이 없는 자에게 손실 배상을 할 수 있는 청구 권리를 갖는다.	**第一百零六条** 无处分权人将不动产或者动产转让给受让人的, 所有权人有权追回 ; 除法律另有规定外, 符合下列情形的, 受让人取得该不动产或者动产的所有 (一) 受让人受让该不动产或者动产时是善意的 ; (二) 以合理的价格转让 ; (三) 转让的不动产或者动产依照法律规定应当登记的已经登记, 不需要登记的已经交付给受让人. 受让人依照前款规定取得不动产或者动产的所有权的, 原所有权人有权向无处分权人请求赔偿损失. 当事人善意取得其他物权的, 参照前两款规定.

당사자가 선의로 기타 물권을 취득한 경우, 전 2개 항의 규정을 참조한다.	
제107조 소유권인 또는 기타 권리인은 유실물회수의 권리를 보유한다. 해당 유실물이 양도를 통해 타인에게 점유되었을 경우, 권리인은 처분권이 없는 자에 대해 손해배상 청구의 권리를 갖거나 또는 양수인을 알거나 응당 알고 있을 일자로부터 2년 내에 양수인에 대해 원물 반환의 청구 권리를 갖는다. 단, 양수인이 경매 또는 경영자격을 보유한 경영자로부터 당해 유실물을 구입한 경우, 권리인이 원물 반환을 청구할 시 양수인이 지불한 비용을 지불해야 한다. 권리인은 양수인에게 그 지불비용을 지불한 후 처분권이 없는 자에게 사후 보상을 청구한 권리를 갖는다.	**第一百零七条** 所有权人或者其他权利人有权追回遗失物. 该遗失物通过转让被他人占有的, 权利人有权向无处分权人请求损害赔偿, 或者自知道或者应当知道受让人之日起二年内向受让人请求返还原物, 但受让人通过拍卖或者向具有经营资格的经营者购得该遗失物的, 权利人请求返还原物时应当支付受让人所付的费用. 权利人向受让人支付所付费用后, 有权向无处分权人追偿.
제108조 선의의 양수인이 동산을 취득한 후, 해당 동산상의 원 권리는 소멸한다. 단, 선의의 양수인이 양수 시 해당 권리를 알거나 또는 응당 알고 있을 경우는 제외한다.	**第一百零八条** 善意受让人取得动产后, 该动产上的原有权利消灭, 但善意受让人在受让时知道或者应当知道该权利的除外.
제109조 취득한 유실물은 권리인에게 반환하여야 한다. 취득자는 유실물 취득 즉시 권리인에게 통지하여 권리인이 수령할 수 있도록 하여야 하고 또는 공안	**第一百零九条** 拾得遗失物, 应当返还权利人. 拾得人应当及时通知权利人领取, 或者送交公安等有关部门.

등 유관기관에 송부하여야 한다.	
제110조 유실물을 수령받은 유관기관은 유실물의 권리인을 알고 있을 경우 즉시 권리인에게 통지하여 수령할 수 있도록 하여야 한다. 권리인을 모르는 경우에는 유관기관이 유실물을 수령 받은 즉시 권리인이 유실물을 찾아갈 수 있도록 유실물 습득 공고를 발포하여야 한다.	**第一百一十条** 有关部门收到遗失物，知道权利人的，应当及时通知其领取；不知道的，应当及时发布招领公告.
제111조 유실물 취득자는 유실물이 관련기관에 넘겨지기 전, 그리고 관련기관이 유실물을 수령하기 전까지 유실물을 적절히 잘 보관하여야 한다. 고의 또는 중대 과실로 인해 유실물이 훼손에 이르거나 멸실된 경우에는 응당 이에 따른 민사책임을 져야한다.	**第一百一十一条** 拾得人在遗失物送交有关部门前，有关部门在遗失物被领取前，应当妥善保管遗失物.因故意或者重大过失致使遗失物毁损,灭失的，应当承担民事责任.
제112조 유실물의 권리인이 유실물을 인수시에는 취득자 또는 관련기관에 유실물 보관 등으로 인해 지출된 필요비용을 지불하여야 한다. 포상금이 걸려있는 유실물을 권리인이 찾았을 경우, 권리인은 유실물 수령 시 그 사전 약속에 따른 의무를 이행해야 한다. 취득자가 유실물을 침점한 경우, 취득자는 권리자에게 유실물 보관 등으로 인해 지출된 비용을 청구할 권리가 없으	**第一百一十二条** 权利人领取遗失物时，应当向拾得人或者有关部门支付保管遗失物等支出的必要费用. 权利人悬赏寻找遗失物的，领取遗失物时应当按照承诺履行义务. 拾得人侵占遗失物的，无权请求保管遗失物等支出的费用，也无权请求权利人按照承诺履行义务.

며, 권리인에게 사전 약속에 따른 의무이행을 청구할 권리 또한 없다.	
제113조 유실물 습득 공고를 발포한 일시로부터 6개월 내에 유실물을 수령하는 자가 없는 경우, 유실물은 국가소유로 귀속된다.	**第一百一十三条** 遗失物自发布招领公告之日起六个月内无人认领的, 归国家所有.
제114조 표류물 취득하였을 경우, 매장물 또는 은닉물을 발견하였을 경우에는 유실물 습득과 관련한 유관규정을 참조한다. 문물보호법 등 별도의 법률규정이 있는 경우에는 그 해당 규정에 따른다.	**第一百一十四条** 拾得漂流物, 发现埋藏物或者隐藏物的, 参照拾得遗失物的有关规定. 文物保护法等法律另有规定的, 依照其规定.
제115조 주물을 양도할 경우 주물을 따르는 부수물은 주물을 따라 함께 양도된다. 단, 당사자 간 별도의 약정이 있는 경우는 제외한다.	**第一百一十五条** 主物转让的, 从物随主物转让, 但当事人另有约定的除外.
제116조 천연과실(자연 번식물)은 소유권인이 취득한다. 소유권인이 있고 또한 용익물권인이 있는 경우에는 용익물권인이 이를 취득한다. 당사자 간의 별도 약정이 있는 경우에는 해당 약정에 따른다. 법정 천연과실(자연 번식물)에 관한 당사자 간의 약정이 있는 경우에는 그 약정에 따라 취득하고, 약정이 없거나 불명확한 경우에는 거래관행(교역관습)에	**第一百一十六条** 天然孳息, 由所有权人取得；既有所有权人又有用益物权人的, 由用益物权人取得. 当事人另有约定的, 按照约定. 法定孳息, 当事人有约定的, 按照约定取得；没有约定或者约定不明确的, 按照交易习惯取得.

따라 취득한다.	
제3편 **용익(用益) 물권**	**第三编** **用益物权**
제10장 **일반 규정**	**第十章** **一般规定**
제117조 용익물권인은 법에 의거하여 타인 소유의 부동산 또는 동산에 대해 점유, 사용, 수익의 권리를 갖는다.	**第一百一十七条** 用益物权人对他人所有的不动产或者动产，依法享有占有,使用和收益的权利.
제118조 국가소유 또는 국가소유로 집체가 사용 중인 자연자원 및 법률로 규정한 집체소유의 자원자원은 단위(조직), 개인이 법에 의거하여 점유, 사용, 수익할 수 있다.	**第一百一十八条** 国家所有或者国家所有由集体使用以及法律规定属于集体所有的自然资源,单位,个人依法可以占有,使用和收益.
제119조 국가는 자연자원 유상 사용제도를 실행한다. 단, 법률에 별도로 규정한 경우는 제외한다.	**第一百一十九条** 国家实行自然资源有偿使用制度，但法律另有规定的除外.
제120조 용익물권인의 권리 행사는 자원의 보호와 합리적 개발이용과 관련한 법률규정을 준수하여야 한다. 소유권인은 용익물권인의 권리행사에 간섭할 수 없다.	**第一百二十条** 用益物权人行使权利，应当遵守法律有关保护和合理开发利用资源的规定.所有权人不得干涉用益物权人行使权利.
제121조 수용, 징용으로 부동산 또는 동산의 용익물권이 소멸되거나 또는 용익	**第一百二十一条** 因不动产或者动产被征收,征用致使用

물권의 행사에 영향을 받을 경우, 용익물권인은 본 법 제42조, 제44조 규정에 의거하여 이에 상응하는 보상 취득의 권리를 갖는다.	益物权消灭或者影响用益物权行使的，用益物权人有权依照本法第四十二条，第四十四条的规定获得相应补偿.
제122조 법에 의거하여 취득한 해역사용권은 법률의 보호를 받는다.	**第一百二十二条** 依法取得的海域使用权受法律保护.
제123조 법에 의거하여 취득한 탐광권, 채광권, 취수권 그리고 수역 사용, 간석지에서의 양식, 어획 종사의 권리는 법적 보호를 받는다.	**第一百二十三条** 依法取得的探矿权，采矿权，取水权和使用水域，滩涂从事养殖，捕捞的权利受法律保护.
제11장 **토지도급경영권**	**第十一章** **土地承包经营权**
제124조 농촌집체경제조직은 가정도급경영을 기초로 이원적 경영체제를 충분히 결합하여 실행한다. 농민집체 소유와 농민집체가 사용하는 국가소유의 경지, 임지, 초지 및 기타 농업에 사용되는 토지는 법에 의거하여 토지도급경영제도를 실행한다.	**第一百二十四条** 农村集体经济组织实行家庭承包经营为基础，统分结合的双层经营体制. 农民集体所有和国家所有由农民集体使用的耕地，林地，草地以及其他用于农业的土地， 依法实行土地承包经营制度.
제125조 토지도급경영권자는 법에 의거하여 본인이 도급경영하는 경지, 임지 및 초지 등에 대한 점유, 사용, 수익의 권리를 갖고, 재식농업, 임업, 목축업 등 농업생산에 종사할 수 있는 권리를 갖	**第一百二十五条** 土地承包经营权人依法对其承包经营的耕地，林地，草地等享有占有，使用和收益的权利， 有权从事种植业，林业，畜牧业等农业生产.

는다.	
제126조 경지의 도급기간은 30년, 초지의 도급기간은 30년에서 50년, 임지의 도급기간은 30년에서 70년이 될 수 있다. 특수 임목의 임지 도급기간은 국무원 임업행정 주관기관의 비준을 거쳐 연장할 수 있다.	**第一百二十六条** 耕地的承包期为三十年. 草地的承包期为三十年至五十年. 林地的承包期为三十年至七十年；特殊林木的林地承包期，经国务院林业行政主管部门批准可以延长.
전항이 규정한 도급기간 만기 후, 토지도급경영권자는 국가 유관규정에 근거하여 도급을 계속할 수 있다.	前款规定的承包期届满，由土地承包经营权人按照国家有关规定继续承包.
제127조 토지도급경영권은 토지도급경영권 계약의 효력이 발생한 시점부터 설립된다.	**第一百二十七条** 土地承包经营权自土地承包经营权合同生效时设立.
현급 이상의 지방인민정부는 토지도급경영권자에게 토지도급경영권증, 임권증, 초원사용권증을 발행하고, 등기하여 기록하여야 하며, 이를 통해 토지도급경영권을 확인한다.	县级以上地方人民政府应当向土地承包经营权人发放土地承包经营权证，林权证，草原使用权证，并登记造册，确认土地承包经营权.
제128조 토지도급경영권자는 농촌토지도급법의 규정에 의거하여, 토지도급경영권의 하도급, 상호교환, 양도 등의 방식으로 농업 외 목적으로 사용할 수 있는 운용 권리를 갖는다. 이를 통한 운영기간은 도급기간의 잔여기간을 초과할 수 없다. 법에 따라 비준을 받지 않은 경우에는 도급지를 비농업건설에 사용할 수	**第一百二十八条** 土地承包经营权人依照农村土地承包法的规定，有权将土地承包经营权采取转包，互换，转让等方式流转. 流转的期限不得超过承包期的剩余期限. 未经依法批准，不得将承包地用于非农建设.

없다.	
제129조 토지도급경영권자가 토지도급 경영권을 상호교환, 양도하고자 하고, 당사자가 등기를 요구할 경우에는 현급 이상 지방인민정부에 토지도급경영권 변경등기를 신청하여야 한다. 만약 등기를 하지 않은 경우에는 선의의 제3자에게 대항할 수 없다.	**第一百二十九条** 土地承包经营权人将土地承包经营权互换,转让,当事人要求登记的,应当向县级以上地方人民政府申请土地承包经营权变更登记;未经登记,不得对抗善意第三人.
제130조 도급 발주자는 도급기간 내에 도급 토지를 조정할 수 없다. 자연재해로 도급지가 심각한 훼손을 당하는 등 특수한 상황으로 인해 도급경지와 초지를 적절히 조정하여야 할 필요가 있는 경우에는 농촌토지도급법 등 법률 규정에 따라 처리하여야 한다.	**第一百三十条** 承包期内发包人不得调整承包地. 因自然灾害严重毁损承包地等特殊情形,需要适当调整承包的耕地和草地的,应当依照农村土地承包法等法律规定办理.
제131조 도급기간 내 도급발주자는 도급지를 회수할 수 없다. 농촌토지도급법 등 법률로 별도의 규정이 있는 경우에는 그 해당 규정에 따른다.	**第一百三十一条** 承包期内发包人不得收回承包地.农村土地承包法等法律另有规定的,依照其规定.
제132조 도급지가 수용되는 경우, 토지도급경영권자는 본 법 제42조 제2항(관)의 규정에 의거하여 이에 상응하는 보상 취득의 권리를 갖는다.	**第一百三十二条** 承包地被征收的,土地承包经营权人有权依照本法第四十二条第二款的规定获得相应补偿.
제133조 입찰, 경매, 공개협상 등 방식을 통해 황무지 등 농촌토지를 도급하는 경우에는 농촌 토지도급법 등의 법률과	**第一百三十三条** 通过招标,拍卖,公开协商等方式承包荒地等农村土地,依照农村土地承包

국무원의 유관규정에 근거하여 그 토지 도급경영권을 양도, 출자, 저당, 또는 기타 방식으로 농업 외 목적으로 운용할 수 있다.	法等法律和国务院的有关规定, 其土地承包经营权可以转让,入股,抵押或者以其他方式流转.
제134조 국가소유 농용지의 도급경영을 실행하는 경우에는 본 법의 유관규정을 참조한다.	**第一百三十四条** 国家所有的农用地实行承包经营的,参照本法的有关规定.
제12장 **건설용지 사용권**	**第十二章** **建设用地使用权**
제135조 건설용지사용권자는 법에 의거하여 국가소유의 토지에 대한 점유, 사용 그리고 수익의 권리를 갖고, 해당 토지에 건축물, 구축물 및 그 부속설비 시설을 건설할 수 있는 권리를 갖는다.	**第一百三十五条** 建设用地使用权人依法对国家所有的土地享有占有,使用和收益的权利, 有权利用该土地建造建筑物,构筑物及其附属设施.
제136조 건설용지사용권은 토지의 지표, 지상 또는 지하에 각각 설립할 수 있다. 새로이 설립하는 건설용지사용권이 이미 설립된 용익물권에 손해를 입힐 수 없다.	**第一百三十六条** 建设用地使用权可以在土地的地表,地上或者地下分别设立.新设立的建设用地使用权, 不得损害已设立的用益物权.
제137조 건설용지사용권을 설립하는 경우에는 출양 또는 획발(劃拔) 등 방식을 채택할 수 있다.	**第一百三十七条** 设立建设用地使用权, 可以采取出让或者划拨等方式.
공업, 상업, 관광, 오락 그리고 상품주택 등 경영성 용지 및 동일 토지에 2개	工业,商业,旅游,娱乐和商品住宅等经营性用地以及同一土地有两个以上意

이상의 토지사용 의향이 있는 경우에는 입찰, 경매 등 공개가격경쟁방식을 통해 출양하여야 한다.	向用地者的，应当采取招标,拍卖等公开竞价的方式出让.
획발 방식으로 건설용지사용권을 설립하는 것은 엄격히 제한한다. 획발 방식을 취하여 건설용지사용권을 설립하는 경우에는 토지의 용도에 관한 법률, 행정법규 규정을 준수하여야 한다.	严格限制以划拨方式设立建设用地使用权.采取划拨方式的，应当遵守法律,行政法规关于土地用途的规定.
제138조 입찰, 경매, 협의 등의 방식을 취하여 출양 방식으로 건설용지사용권을 설립하는 경우, 당사자는 서면형식을 통해 건설용지사용권에 관한 출양계약을 체결하여야 한다.	**第一百三十八条** 采取招标，拍卖，协议等出让方式设立建设用地使用权的，当事人应当采取书面形式订立建设用地使用权出让合同.
건설용지사용권 출양계약에는 일반적으로 아래와 같은 각호의 조항을 포함한다.	建设用地使用权出让合同一般包括下列条款：
(1) 해당 당사자의 명칭과 주소	(一) 当事人的名称和住所；
(2) 토지의 경계, 면적 등	(二) 土地界址,面积等；
(3) 건축물, 구축물 및 그 부속설비 시설이 점용하는 공간	(三) 建筑物,构筑物及其附属设施占用的空间；
(4) 토지 용도	(四) 土地用途；
(5) 사용기간	(五) 使用期限；
(6) 출양금 등 비용 및 그 지불방식	(六) 出让金等费用及其支付方式；
(7) 쟁의 해결의 방법	(七) 解决争议的方法.
제139조 건설용지사용권을 설립하는 경우에는 등기기관에 건설용지사용권	**第一百三十九条** 设立建设用地使用权的，应当向登记

등기를 신청하여야 한다. 건설용지사용권은 등기시점부터 설립된다. 등기기관은 건설용지사용권자에게 건설용지사용권증서를 발행하여야 한다.	机构申请建设用地使用权登记. 建设用地使用权自登记时设立. 登记机构应当向建设用地使用权人发放建设用地使用权证书.
제140조 건설용지사용권자는 합리적으로 토지를 이용하여야 하며, 토지 용도를 변경할 수 없다. 토지 용도를 변경할 필요가 있는 경우에는 법에 의거하여 이와 유관한 행정주관기관의 의 비준 절차를 거쳐야 한다.	**第一百四十条** 建设用地使用权人应当合理利用土地, 不得改变土地用途；需要改变土地用途的, 应当依法经有关行政主管部门批准.
제141조 건설용지사용권자는 법률 규정 및 계약 약정에 따라, 출양금 등의 비용을 지불하여야 한다.	**第一百四十一条** 建设用地使用权人应当依照法律规定以及合同约定支付出让金等费用.
제142조 건설용지사용권자가 건조한 건축물, 구축물 및 그 부속 설비시설의 소유권은 건설용지사용권자에게 속한다. 단, 이에 상반되는 증거가 있어 증명이 가능한 경우는 제외한다.	**第一百四十二条** 建设用地使用权人建造的建筑物, 构筑物及其附属设施的所有权属于建设用地使用权人, 但有相反证据证明的除外.
제143조 건설용지사용권자는 건설용지사용권의 양도, 상호교환, 출자, 증여 또는 저당설정의 권리를 갖는다. 단, 법률이 정한 별도의 규정이 있는 경우는 제외한다.	**第一百四十三条** 建设用地使用权人有权将建设用地使用权转让, 互换, 出资, 赠与或者抵押, 但法律另有规定的除外.
제144조 건설용지사용권을 양도, 상호교환, 출자, 증여 또는 저당설정 하는 경우, 당사자는 서면형식으로 이에 상응	**第一百四十四条** 建设用地使用权转让, 互换, 出资, 赠与或者抵押的, 当事人应当采取书面形

하는 계약을 체결하여야 한다. 사용기간은 당사자 간에 약정한다. 단, 건설용지사용권의 잔여기간을 초과할 수 없다.	式订立相应的合同.使用期限由当事人约定, 但不得超过建设用地使用权的剩余期限.
제145조 건설용지사용권을 양도, 상호교환, 출자 또는 증여하는 경우에는 등기기관에 등기변경을 신청하여야 한다.	**第一百四十五条** 建设用地使用权转让, 互换, 出资或者赠与的, 应当向登记机构申请变更登记.
제146조 건설용지사용권을 양도, 상호교환, 출자 또는 증여하는 경우에는 해당 토지상에 부착된 건축물, 구축물 및 그 부속 설비시설은 모두 함께 처분된다.	**第一百四十六条** 建设用地使用权转让, 互换, 出资或者赠与的, 附着于该土地上的建筑物, 构筑物及其附属设施一并处分.
제147조 건축물, 구축물 및 그 부속 설비시설을 양도, 상호교환, 출자 또는 증여하는 경우에는 그 건축물, 구축물 및 그 부속 설비시설의 점거범위 내 건설용지사용권은 모두 함께 처분된다.	**第一百四十七条** 建筑物, 构筑物及其附属设施转让, 互换, 出资或者赠与的, 该建筑物, 构筑物及其附属设施占用范围内的建设用地使用权一并处分.
제148조 건설용지사용권의 기간 만료 전, 공공 이익의 수요로 인해 해당 토지를 사전에 수용하여야 하는 경우에는 본법 제42조의 규정에 의거하여, 해당 지상의 건물 및 기타 부동산에 대해 보상을 하여야 하고, 이에 상응하는 출양금을 반환하여야 한다.	**第一百四十八条** 建设用地使用权期间届满前, 因公共利益需要提前收回该土地的, 应当依照本法第四十二条的规定对该土地上的房屋及其他不动产给予补偿, 并退还相应的出让金.
제149조 주택건설용지의 사용권 기간이 만료되는 경우, 주택건설용지 사용권 기간은 자동 연장된다. 비주택건설용지사용권의 기간 만료 후	**第一百四十九条** 住宅建设用地使用权期间届满的, 自动续期. 非住宅建设用地使用权期间届满后的

기간의 연장은 법률의 규정에 따라 처리한다. 해당 토지상의 건물과 기타 부동산의 귀속은 약정에 따른다. 약정이 없거나 양정이 불명확한 경우에는 법률, 행정법규의 규정에 따라 처리한다.	续期，依照法律规定办理.该土地上的房屋及其他不动产的归属，有约定的，按照约定；没有约定或者约定不明确的，依照法律,行政法规的规定办理.
제150조 건설용지사용권이 소멸되는 경우 출양을 받은 사람은, 즉시 등기말소 수속을 해야 한다. 등기기관은 건설용지사용권증서를 회수하여야 한다.	**第一百五十条** 建设用地使用权消灭的， 出让人应当及时办理注销登记.登记机构应当收回建设用地使用权证书.
제151조 집체소유의 토지를 건설용지로 하는 경우에는 토지관리법 등 법률규정에 의거 처리하여야 한다.	**第一百五十一条** 集体所有的土地作为建设用地的， 应当依照土地管理法等法律规定办理.
제13장 **택기지(농가택지)사용권**	**第十三章** **宅基地使用权**
제152조 택기지(농가택지)사용권자는 법에 의거하여, 집체소유의 토지에 대한 점유와 사용의 권리를 갖고, 해당 토지를 이용하여 주택 및 그 부속 설비시설을 건축할 수 있는 권리를 갖는다.	**第一百五十二条** 宅基地使用权人依法对集体所有的土地享有占有和使用的权利， 有权依法利用该土地建造住宅及其附属设施.
제153조 택기지 사용권의 취득, 권리행사, 양도는 토지관리법 등의 법률과 국가의 유관규정을 적용받는다.	**第一百五十三条** 宅基地使用权的取得,行使和转让，适用土地管理法等法律和国家有关规定.
제154조 택기지가 자연재해 등의 원인으로 인해 멸실된 경우, 택기지 사용권	**第一百五十四条** 宅基地因自然灾害等原因灭失的， 宅

은 소멸된다. 택기지를 상실한 촌민에 대해서는 새로운 택기지를 분배하여야 한다.	基地使用权消灭. 对失去宅基地的村民, 应当重新分配宅基地.
제155조 이미 등기된 택기지 사용권이 양도 또는 소멸되었을 경우에는 즉시 변경등기 또는 말소등기를 하여야 한다.	**第一百五十五条** 已经登记的宅基地使用权转让或者消灭的, 应当及时办理变更登记或者注销登记.
제14장 **지역권**	**第十四章** **地役权**
제156조 지역권자는 계약 약정에 따라, 타인의 부동산을 이용하여 본인 부동산의 효익을 제고할 수 있는 권리를 갖는다. 전항에서 칭하고 있는 타인 부동산은 공역지(승역지, 承役地)이며, 본인 부동산은 수역지(요역지, 要役地)를 말한다.	**第一百五十六条** 地役权人有权按照合同约定, 利用他人的不动产, 以提高自己的不动产的效益. 前款所称他人的不动产为供役地, 自己的不动产为需役地.
제157조 지역권을 설정할 경우 당사자는 서면형식을 통해 지역권계약을 체결하여야 한다. 지역권계약에는 일반적으로 아래의 열거조항을 포함한다. (1) 당사자의 성명 또는 명칭과 주소 (2) 공역지(승역지)와 수역지(요역지)	**第一百五十七条** 设立地役权, 当事人应当采取书面形式订立地役权合同. 地役权合同一般包括下列条款: (一) 当事人的姓名或者名称和住所; (二) 供役地和需役地的位置; (三) 利用目的和方法;

의 위치 (3) 이용목적과 방법 (4) 이용기한 (5) 비용 및 그 지불방식 (6) 분쟁해결의 방법	(四) 利用期限； (五) 费用及其支付方式； (六) 解决争议的方法.
제158조 지역권은 지역권 계약의 효력이 발생된 시점부터 설립된다. 당사자가 등기를 요구하는 경우, 등기기관에 지역권등기를 신청할 수 있다. 미등기 시 선의의 제3자에 대항할 수 없다.	**第一百五十八条** 地役权自地役权合同生效时设立. 当事人要求登记的, 可以向登记机构申请地役权登记；未经登记, 不得对抗善意第三人.
제159조 공역지(승역지)의 권리인은 계약 약정에 따라, 지역권자에게 그 토지의 이용을 허용하고, 지역권자의 권리행사를 방해할 수 없다.	**第一百五十九条** 供役地权利人应当按照合同约定, 允许地役权人利用其土地, 不得妨害地役权人行使权利.
제160조 지역권자는 계약에 약정한 이용목적과 방법에 따라 공역지(승역지)를 이용하고, 공역지(승역지) 권리인의 물권에 대한 제한을 최소화하여야 한다.	**第一百六十条** 地役权人应当按照合同约定的利用目的和方法利用供役地, 尽量减少对供役地权利人物权的限制.
제161조 지역권 기한은 당사자 간 약정으로 정한다. 단, 토지도급경영권, 건설용지사용권 등 용익물권의 잔여기간을 초과할 수 없다.	**第一百六十一条** 地役权的期限由当事人约定, 但不得超过土地承包经营权, 建设用地使用权等用益物权的剩余期限.
제162조 토지소유권인이 지역권을 갖고 있거나, 또는 지역권을 부담하고 있는 경우의 상황에서 토지도급경영권, 택기지(농가택지)사용권을 설정할 시,	**第一百六十二条** 土地所有权人享有地役权或者负担地役权的, 设立土地承包经营权, 宅基地使用权时, 该土地承包经营权人, 宅基

해당 토지도급경영권자, 택기지(농가택지) 사용권자는 계속해서 설정된 지역권을 갖거나 또는 부담한다.	地使用权人继续享有或者负担已设立的地役权.
제163조 토지상에 토지도급경영권, 건설용지사용권, 택기지(농가택지)사용권 등의 권리가 기 설립된 경우, 토지소유권인은 용익물권인의 동의를 거치지 않고 지역권을 설립할 수 없다.	**第一百六十三条** 土地上已设立土地承包经营权, 建设用地使用权, 宅基地使用权等权利的, 未经用益物权人同意, 土地所有权人不得设立地役权.
제164조 지역권은 단독으로 양도할 수 없다. 토지도급경영권, 건설용지사용권 등을 양도할 경우 지역권도 함께 양도한다. 단, 별도의 계약에 따라 약정이 있는 경우는 제외한다.	**第一百六十四条** 地役权不得单独转让. 土地承包经营权, 建设用地使用权等转让的, 地役权一并转让, 但合同另有约定的除外.
제165조 지역권은 단독으로 저당할 수 없다. 토지도급경영권, 건설용지사용권 등이 저당되는 경우, 저당권의 실현 시, 지역권도 함께 양도한다.	**第一百六十五条** 地役权不得单独抵押. 土地承包经营权, 建设用地使用权等抵押的, 在实现抵押权时, 地役权一并转让.
제166조 수역지(요역지) 및 수역지상의 토지도급경영권, 건설용지사용권의 일부가 양도될 시, 양도하는 부분이 지역권에 포함될 경우 양수인은 지역권을 동시에 갖는다.	**第一百六十六条** 需役地以及需役地上的土地承包经营权, 建设用地使用权部分转让时, 转让部分涉及地役权的, 受让人同时享有地役权.
제167조 공역지(승역지) 및 공역지상의 토지도급경영권, 건설용지사용권의 일부가 양도될 시, 양도하는 부분이 지역권에 포함될 경우 지역권은 양수인에 대	**第一百六十七条** 供役地以及供役地上的土地承包经营权, 建设用地使用权部分转让时, 转让部分涉及地役权的, 地役权对受让人

한 구속력을 가진다.	具有约束力.
제168조 지역권자가 아래의 상황 중 하나에 해당할 경우 공역지(승역지)의 권리인은 지역권 계약 해제의 권리를 갖으며, 지역권은 소멸된다.	**第一百六十八条** 地役权人有下列情形之一的, 供役地权利人有权解除地役权合同, 地役权消灭:
(1) 법률 규정 또는 계약 약정을 위반, 지역권을 남용하였을 경우	(一) 违反法律规定或者合同约定, 滥用地役权;
(2) 공역지(승역지)를 유상 이용하고 있는 상황에서 약정한 지불기간이 만료된 후 합리적인 기한 내에 2회의 재촉 통지를 받았음에도 비용을 지불하지 않은 경우	(二) 有偿利用供役地, 约定的付款期间届满后在合理期限内经两次催告未支付费用.
제169조 이미 등기한 지역권이 변경, 양도 또는 소멸될 경우에는 즉시 변경 등기 또는 말소등기를 하여야 한다.	**第一百六十九条** 已经登记的地役权变更,转让或者消灭的, 应当及时办理变更登记或者注销登记.
제4편 **담보물권**	**第四编** **担保物权**
제15장 **일반 규정**	**第十五章** **一般规定**
제170조 담보물권인은 채무자가 기한이 도래한 채무를 이행하지 않거나 또는 당사자가 약정한 담보물권을 실현할 상	**第一百七十条** 担保物权人在债务人不履行到期债务或者发生当事人约定的实现担保物权

황이 발생한 경우, 법에 의거 담보재산으로부터 최우선으로 변제를 받을 수 있는 권리를 갖는다. 단, 법률로 정한 별도의 규정이 있는 경우는 제외한다.	的情形， 依法享有就担保财产优先受偿的权利，但法律另有规定的除外.
제171조 채권자는 임차, 매매 등 민사활동 중,그 채권 실현의 보장을 위해 담보가 필요한 경우, 본 법과 기타 법률 규정에 의거 담보물권을 설립할 수 있다.	**第一百七十一条** 债权人在借贷,买卖等民事活动中，为保障实现其债权， 需要担保的， 可以依照本法和其他法律的规定设立担保物权.
제3자가 채무자를 위해 채권자에게 담보를 제공할 경우, 채무자에게 반담보의 제공을 요구할 수 있다.(반담보란 제3자가 채무자를 위해 채권자에게 담보를 제공할 경우 채무자가 제3자의 요구에 따라 제3자를 위해 제공하는 담보를 말하는 것으로, 제3자는 채무자에게 반담보를 요구할 수 있다) 반담보는 본 법과 기타 법률규정을 적용한다.	第三人为债务人向债权人提供担保的，可以要求债务人提供反担保. 反担保适用本法和其他法律的规定.
제172조 담보물권 설립의 경우 본 법과 기타 법률규정에 의거하여 담보계약을 체결하여야 한다. 담보계약은 주채권채무계약에 따르는 계약이다. 주채권채무계약이 무효가 되면 담보계약은 무효가 된다. 단, 법률에 따른 별도규정이 있는 경우는 제외한다.	**第一百七十二条** 设立担保物权， 应当依照本法和其他法律的规定订立担保合同. 担保合同是主债权债务合同的从合同. 主债权债务合同无效，担保合同无效，但法律另有规定的除外.
담보계약의 무효가 확인된 후 채무자,	担保合同被确认无效后， 债务人,担保人,债权人有过错的， 应当根据其过错

담보자, 채권자에게 잘못이 있는 경우에는 그 잘못에 근거하여 각자 상응하는 민사책임을 져야 한다.	各自承担相应的民事责任.
제173조 담보물권의 담보범위는 주채권 및 이자, 위약금, 손해배상금, 보관 담보재산과 담보물권의 실현 비용을 포함한다. 당사자가 별도의 약정이 있는 경우에는 약정에 따른다.	**第一百七十三条** 担保物权的担保范围包括主债权及其利息,违约金,损害赔偿金,保管担保财产和实现担保物权的费用.当事人另有约定的, 按照约定.
제174조 담보기간 중 담보재산이 훼손, 멸실 또는 수용되는 등의 경우, 담보물권인은 취득한 보험금, 배상금 또는 보상금 등을 우선 변제 받을 수 있다. 피담보채권의 이행기간이 도래하지 않은 경우에도 해당 보험금, 배상금 또는 보상금 등을 공탁할 수 있다.	**第一百七十四条** 担保期间, 担保财产毁损,灭失或者被征收等, 担保物权人可以就获得的保险金,赔偿金或者补偿金等优先受偿.被担保债权的履行期未届满的, 也可以提存该保险金,赔偿金或者补偿金等.
제175조 제3자가 담보를 제공하고자 하는 상황에서 채권자가 제3자 본인의 서면 동의 절차를 거치지 않고 채무자의 전부 또는 일부 채무의 이전을 허락 하였다면, 담보자는 이에 상응하는 담보 책임을 다시는 지지 않는다.	**第一百七十五条** 第三人提供担保, 未经其书面同意, 债权人允许债务人转移全部或者部分债务的, 担保人不再承担相应的担保责任.
제176조 피담보채권에 기존의 물적 담보가 있고 또한 다른 사람의 인적 담보가 있는 경우, 채무자가 기한이 도래한 채무를 이행하지 않거나 또는 당사자가 약정한 담보물권의 실현 사유가 발행한 때	**第一百七十六条** 被担保的债权既有物的担保又有人的担保的, 债务人不履行到期债务或者发生当事人约定的实现担保物权的情形, 债权人应当按照约定实现债权;

에, 채권자는 약정에 따라 채권을 실현하여야 한다. 약정이 없거나 또는 약정이 불명확한 상황에서 채무자가 본인의 물적 담보를 제공한 경우, 채권자는 우선 해당 물적 담보에 대한 채권을 실현하여야 한다. 제3자가 물적 담보를 제공한 경우 채권자는 그 물적 담보에 대해 채권을 실현하거나 또는 보증인에게 보증 책임을 요구할 수 있다. 담보를 제공한 제3자가 담보책임을 진 후에는 채무자에게 사후 보상을 청구할 수 있다.	没有约定或者约定不明确， 债务人自己提供物的担保的， 债权人应当先就该物的担保实现债权；第三人提供物的担保的， 债权人可以就物的担保实现债权， 也可以要求保证人承担保证责任. 提供担保的第三人承担担保责任后， 有权向债务人追偿.
제177조 아래의 상황 중 하나에 해당하는 경우 담보물권은 소멸된다. (1) 주채권의 소멸 (2) 담보물권의 실현 (3) 채권자의 담보물권 포기 (4) 법률 규정한 담보물권 소멸의 기타 상황	**第一百七十七条** 有下列情形之一的， 担保物权消灭： (一) 主债权消灭； (二) 担保物权实现； (三) 债权人放弃担保物权； (四) 法律规定担保物权消灭的其他情形.
제178조 담보법과 본 법의 규정이 일치하지 않은 경우, 본 법의 법률을 적용한다.	**第一百七十八条** 担保法与本法的规定不一致的， 适用本法.
제16장 **저당권**	**第十六章** **抵押权**

제1절 일반 저당권	第一节 一般抵押权
제179조 채무의 이행을 담보하기 위해 채무자 또는 제3자가 재산의 점유를 이전하지 않고 채권자를 위해 당해 재산에 저당권을 설정하는 경우, 채무자가 기한이 도래한 채무를 이행하지 않거나 또는 당자사가 약정한 저당권이 실현되는 사유가 발생한 경우, 채권자는 당해 재산으로부터 우선변제를 받는 권리를 보유한다. 전항에서 규정한 채권자 또는 제3자는 저당인이이고, 채권자는 저당권인이 되며, 담보로 제공한 재산은 저당재산이 된다.	**第一百七十九条** 为担保债务的履行，债务人或者第三人不转移财产的占有，将该财产抵押给债权人的，债务人不履行到期债务或者发生当事人约定的实现抵押权的情形，债权人有权就该财产优先受偿. 前款规定的债务人或者第三人为抵押人，债权人为抵押权人，提供担保的财产为抵押财产.
제180조 채무자 또는 제3자가 처분 권리를 갖는 아래의 재산은 저당할 있다. (1) 건축물과 기타 토지 부착물 (2) 건설용지사용권 (3) 입찰, 경매, 공개협상 등 방식으로 취득한 황무지 등의 토지도급경영권 (4) 생산설비, 원재료, 반제품, 생산품 (5) 건조중인 건축물, 선박, 항공기 (6) 교통 운송공구 (7) 법률, 행정법규가 금지하고 있지 않	**第一百八十条** 债务人或者第三人有权处分的下列财产可以抵押： (一) 建筑物和其他土地附着物； (二) 建设用地使用权； (三) 以招标，拍卖，公开协商等方式取得的荒地等土地承包经营权； (四) 生产设备，原材料，半成品，产品； (五) 正在建造的建筑物,船舶,航空

는 저당권 설정의 기타 재산	器；
	(六) 交通运输工具；
	(七) 法律, 行政法规未禁止抵押的其他财产.
저당인은 전항에 열거한 재산을 동시에 함께 저당할 수 있다.	抵押人可以将前款所列财产一并抵押.
제181조 당사자의 서면 협의를 거쳐, 기업, 개인 상공업자, 농업생산경영자는 현재 및 장래에 보유하는 생산설비, 원재료, 반제품 및 제품에 저당권을 설정할 수 있고, 채무자가 기한이 도래한 채무를 이행하지 않거나 또는 당사자가 약정한 저당권의 실현 사유가 발생하였을 경우, 채권자는 저당권 실현시 동산 우선 변제의 권리를 갖는다.	**第一百八十一条** 经当事人书面协议, 企业, 个体工商户, 农业生产经营者可以将现有的以及将有的生产设备, 原材料, 半成品, 产品抵押, 债务人不履行到期债务或者发生当事人约定的实现抵押权的情形, 债权人有权就实现抵押权时的动产优先受偿.
제182조 건축물에 저당권을 설정하는 경우, 해당 건축물 점용 범위내의 건설용지사용권도 동시에 함께 저당된다. 건설용지사용권에 저당권을 설정하는 경우는 해당 토지상에 있는 건축물에 대해서도 동시에 함께 설정된다.	**第一百八十二条** 以建筑物抵押的, 该建筑物占用范围内的建设用地使用权一并抵押. 以建设用地使用权抵押的, 该土地上的建筑物一并抵押.
저당권설정자가 전항의 규정을 따르지 아니하고, 함께 저당하지 않은 경우에도 미저당된 재산은 함께 저당된 것으로 간주한다.	抵押人未依照前款规定一并抵押的, 未抵押的财产视为一并抵押.
제183조 향진, 촌 기업의 건설용지사용권은 단독으로 저당권을 설정할 수 없	**第一百八十三条** 乡镇, 村企业的建设用地使用权不得

다. 향진, 촌기업의 공장 등 건축물에 저당권을 설정하는 경우, 그 점용 범위내의 건설용지사용권은 동시에 함께 설정된다.

单独抵押. 以乡镇, 村企业的厂房等建筑物抵押的， 其占用范围内的建设用地使用权一并抵押.

제184조 아래의 재산은 저당할 수 없다.

(1) 토지소유권

(2) 경지, 택기지(농가택지), 자류지, 자류산 등 집체소유의 토지사용권. 단, 법률이 저당을 허용하는 것은 제외한다.

(3) 학교, 유치원, 의원 등 공익 목적의 사업 조직, 사회단체의 교육 설비시설, 의료위생 설비시설 및 기타 사회공익시설

(4) 소유권, 사용권이 불명확하거나 또는 분쟁의 재산

(5) 법에 의거 차압 봉인, 압류, 감독관리를 받는 재산

(6) 법률, 행정법규이 규정한 저당권 설정을 할 수 없는 기타재산

第一百八十四条

下列财产不得抵押：

(一) 土地所有权；

(二) 耕地, 宅基地, 自留地, 自留山等集体所有的土地使用权， 但法律规定可以抵押的除外；

(三) 学校, 幼儿园, 医院等以公益为目的的事业单位, 社会团体的教育设施, 医疗卫生设施和其他社会公益设施；

(四) 所有权, 使用权不明或者有争议的财产；

(五) 依法被查封, 扣押, 监管的财产；

(六) 法律, 行政法规规定不得抵押的其他财产.

제185조 저당권 설립은 당사자가 서면 형식을 통해 저당권 설정계약을 체결해야 한다.

저당권설정 계약에는 일반적으로 아래의 조항을 포함한다.

(1) 피담보채권의 종류와 금액

第一百八十五条

设立抵押权， 当事人应当采取书面形式订立抵押合同.

抵押合同一般包括下列条款：

(一) 被担保债权的种类和数额；

(二) 债务人履行债务的期限；

(2) 채무자의 채무이행 기한	(三) 抵押财产的名称, 数量, 质量, 状况, 所在地, 所有权归属或者使用权归属；
(3) 저당재산의 명칭, 수량, 질량(품질), 상황, 소재지, 소유권의 귀속 또는 사용권의 귀속	
(4) 담보의 범위	(四) 担保的范围.
제186조 저당권자는 채무이행기한 만료 전에, 만기가 도래한 채무를 채무자가 불이행시 저당재산을 채권자 소유로 한다고 저당권설정자와 약정할 수 없다.	**第一百八十六条** 抵押权人在债务履行期届满前, 不得与抵押人约定债务人不履行到期债务时抵押财产归债权人所有.
제187조 본 법 제180조 제1항 (1)호에서 제(3)호에 규정된 재산, 또는 제 (5)호에 규정된 건설 중인 건축물에 저당권을 설정하는 경우, 저당권설정 등기수속을 하여야 한다. 저당권은 등기 시점부터 설립된다.	**第一百八十七条** 以本法第一百八十条第一款第一项至第三项规定的财产或者第五项规定的正在建造的建筑物抵押的, 应当办理抵押登记.抵押权自登记时设立.
제188조 본 법 제180조 제1항 제(4)호, 제(6)호에 규정된 재산 또는 제(5)호에 규정된 건조중인 선박 또는 항공기의 저당권을 설정할 경우, 저당권은 저당권설정계약의 효력이 발생한 시점부터 설립된다. 미등기시 선의의 제3자에 대항할 수 없다.	**第一百八十八条** 以本法第一百八十条第一款第四项, 第六项规定的财产或者第五项规定的正在建造的船舶,航空器抵押的, 抵押权自抵押合同生效时设立；未经登记, 不得对抗善意第三人.
제189조 기업, 개인 상공업자 및 농업생산경영자가 제181조에 규정된 동산에 저당권을 설정하는 경우, 저당권설정자 주소지의 공상행정 관리기관에서 등기	**第一百八十九条** 企业,个体工商户,农业生产经营者以本法第一百八十一条规定的动产抵押的, 应当向抵押人住所地的工商行政

수속을 하여야 한다. 저당권은 저당권 설정계약의 효력이 발생한 시점부터 설정된다. 등기 절차를 거지치 않은 경우에는 선의의 제3자에 대항할 수 없다.	管理部门办理登记.抵押权自抵押合同生效时设立；未经登记， 不得对抗善意第三人.
본 법 제181조 규정에 의거하여 저당권이 설정되는 경우, 정상경영활동 중 이미 합리적인 가격을 지불하고 저당한 재산을 취득한 매수인에게는 대항할 수 없다.	依照本法第一百八十一条规定抵押的，不得对抗正常经营活动中已支付合理价款并取得抵押财产的买受人.
제190조 저당권설정계약 체결 전에 저당재산이 이미 임대가 된 경우, 원래의 임대차관계는 해당 저당권의 영향을 받지 않는다. 저당권 설정 후 저당재산이 임대된 경우, 해당 임대차관계는 이미 등기된 저당권에 대항할 수 없다.	**第一百九十条** 订立抵押合同前抵押财产已出租的，原租赁关系不受该抵押权的影响.抵押权设立后抵押财产出租的， 该租赁关系不得对抗已登记的抵押权.
제191조 저당권 설정기간에 저당권설정자가 저당권자의 동의를 거쳐 저당재산을 양도하는 경우, 양도 소득의 가격은 저당권자에게 사전에 상환하거나 또는 공탁해야 한다. 양도대금의 대금을 초과하는 채권금액 부분은 저당권설정자의 소유로 귀속되고, 부족 부분은 채무자가 변제한다.	**第一百九十一条** 抵押期间， 抵押人经抵押权人同意转让抵押财产的， 应当将转让所得的价款向抵押权人提前清偿债务或者提存.转让的价款超过债权数额的部分归抵押人所有，不足部分由债务人清偿.
저당권 설정기간 중 저당권설정자는 저당권자의 동의를 거치지 않고 저당재산을 양도할 수 없다. 단, 양수인이 채무의 변제를 대신함으로서 저당권이 소멸되	抵押期间，抵押人未经抵押权人同意，不得转让抵押财产， 但受让人代为清偿债务消灭抵押权的除外.

는 경우는 제외한다.	
제192조 저당권은 채권과 분리하여 단독으로 양도하거나, 또는 기타 채권의 담보가 될 수 없다. 채권을 양도하는 경우, 담보하는 그 채권의 저당권도 동시에 함께 양도된다. 단, 법률에 별도 규정하고 있거나, 당사자의 별도 약정이 있는 경우는 제외한다.	**第一百九十二条** 抵押权不得与债权分离而单独转让或者作为其他债权的担保. 债权转让的, 担保该债权的抵押权一并转让, 但法律另有规定或者当事人另有约定的除外.
제193조 저당권 설정자의 행위가 저당권 설정재산의 가치를 족히 감소시킬 수 있는 경우, 저당권자는 저당권 설정자에 대해 해당 행위의 정지를 요구할 수 있는 권리를 갖는다. 저당재산의 가치가 감소한 경우, 저당권자는 저당재산의 가치를 회복하거나 또는 감소된 가치에 상응하는 담보 제공을 요구할 수 있다. 저당권설정자가 저당재산의 가치를 회복시키지 않고, 또한 담보도 제공하지 않는 경우, 저당권자는 채무자에게 기한 만료 전 변제를 요구할 수 있다.	**第一百九十三条** 抵押人的行为足以使抵押财产价值减少的, 抵押权人有权要求抵押人停止其行为.抵押财产价值减少的, 抵押权人有权要求恢复抵押财产的价值, 或者提供与减少的价值相应的担保.抵押人不恢复抵押财产的价值也不提供担保的, 抵押权人有权要求债务人提前清偿债务.
제194조 저당권자는 저당권 또는 저당권의 순위를 포기할 수 있다. 저당권자와 저당권설정자는 협의를 통해 저당권의 순위 및 피담보의 채권액 등의 내용을 변경할 수 있다. 단, 저당권의 변경이 기타 저당권자의 서면 동의를 거치지 않은	**第一百九十四条** 抵押权人可以放弃抵押权或者抵押权的顺位.抵押权人与抵押人可以协议变更抵押权顺位以及被担保的债权数额等内容, 但抵押权的变更, 未经其他抵押权人书面同意, 不得对其他抵押

경우에는 기타 저당권자에 대해 불리한 영향을 미칠 수 없다. 채무자가 본인의 재산에 저당을 설정하고 저당권자가 해당 저당권을 포기하고 또는 저당권을 변경하는 경우, 기타 담보자는 저당권자가 우선 변제수령권을 상실하는 범위내에서 담보책임을 면제받는다. 단, 기타 담보자가 여전히 담보의 제공을 허락하는 경우는 제외한다.	权人产生不利影响. 债务人以自己的财产设定抵押, 抵押权人放弃该抵押权, 抵押权顺位或者变更抵押权的, 其他担保人在抵押权人丧失优先受偿权益的范围内免除担保责任, 但其他担保人承诺仍然提供担保的除外.
제195조 채무자가 기한이 도래한 채무를 이행하지 않거나 또는 당사자가 약정한 저당권의 실현 사유가 발생한 경우, 저당권자는 저당권설정자와 협의하여 해당 저당재산의 가격으로 환산하여 채무를 충당하거나 또는 경매, 환금,으로 해당 재산 소득의 가격을 우선변제 받을 수 있다. 협의가 기타 채권자의 이익을 손상하는 경우, 기타 채권자는 취소사유를 알거나 응당 알고 있을 일자로부터 1년 내에 인민법원에 해당 협의의 철회를 청구할 수 있다. 저당권자가 협의를 통해 저당권설정자와 저당권의 실현방법에 대해 일치를 보지 못하는 경우, 저당권자는 인민법원에 저당재산의 경매 또는 환금을 청구할 수 있다.	**第一百九十五条** 债务人不履行到期债务或者发生当事人约定的实现抵押权的情形, 抵押权人可以与抵押人协议以抵押财产折价或者以拍卖, 变卖该抵押财产所得的价款优先受偿. 协议损害其他债权人利益的, 其他债权人可以在知道或者应当知道撤销事由之日起一年内请求人民法院撤销该协议. 抵押权人与抵押人未就抵押权实现方式达成协议的, 抵押权人可以请求人民法院拍卖, 变卖抵押财产. 抵押财产折价或者变卖的, 应当参照市场价格.

저당재산을 가격으로 환산하거나 환금하였을 경우에는 시장가격을 참조하여야 한다.	
제196조 본 법 제181조 규정에 의거하여 설정된 저당의 경우, 저당재산은 아래 열거하는 사유의 하나가 발생한 시점부터 확정된다. (1) 채무이행 기간 만료 시 채권의 미실현의 경우 (2) 저당권설정자가 파산선고를 받거나 취소되었을 경우 (3) 당사자가 저당권의 실현을 약정하는 상황의 경우 (4) 채권의 실현에 중대한 영향을 미치는 기타 상황의 경우	**第一百九十六条** 依照本法第一百八十一条规定设定抵押的, 抵押财产自下列情形之一发生时确定： (一) 债务履行期届满, 债权未实现； (二) 抵押人被宣告破产或者被撤销； (三) 当事人约定的实现抵押权的情形； (四) 严重影响债权实现的其他情形.
제197조 채무자가 기한이 도래한 채무를 이행하지 않거나 또는 발생 당사자가 약정한 저당권의 실현사유가 발생하여, 저당재산이 법에 의거 인민법원에 차압이 이르게 되었을 경우, 차압일자로부터 저당권자는 해당 저당재산의 천연과실 또는 법정과실 수취의 권리를 갖는다. 단, 저당권자가 법정과실을 변제해야 하는 의무자에게 이를 미통지하였을 경우에는 제외한다. 전항에서 규정한 과실은 과실을 수취하	**第一百九十七条** 债务人不履行到期债务或者发生当事人约定的实现抵押权的情形, 致使抵押财产被人民法院依法扣押的, 自扣押之日起抵押权人有权收取该抵押财产的天然孳息或者法定孳息, 但抵押权人未通知应当清偿法定孳息的义务人的除外. 前款规定的孳息应当先充抵收取孳息的费用.

는 비용에 우선 충당되어야 한다.	
제198조 저당재산을 가격으로 환산하여 채무를 충당하거나 또는 경매, 환금 후 해당 대금이 채권액을 상회하는 부분은 저당권설정자의 소유로 귀속하고 부족한 부분은 채무자가 변제한다.	**第一百九十八条** 抵押财产折价或者拍卖,变卖后，其价款超过债权数额的部分归抵押人所有,不足部分由债务人清偿.
제199조 동일 재산이 2인 이상의 채권자에게 저당권이 설정된 경우, 저당재산의 경매, 환금으로 당 재산을 처리하여 취득한 소득의 재산의 대금은 아래 규정에 의거하여 변제한다. (1) 저당권이 이미 등기되어 있는 경우, 등기의 선후 순위에 따라 변제한다. 순위가 동일한 경우 채권비례에 따라 변제한다. (2) 저당권이 이미 등기된 것은 미등기된 것에 우선하여 변제 받는다. (3) 저당권이 미등기된 경우, 채권비례에 따라 변제한다.	**第一百九十九条** 同一财产向两个以上债权人抵押的,拍卖,变卖抵押财产所得的价款依照下列规定清偿 : (一) 抵押权已登记的，按照登记的先后顺序清偿；顺序相同的，按照债权比例清偿； (二) 抵押权已登记的先于未登记的受偿； (三) 抵押权未登记的，按照债权比例清偿.
제200조 건설용지사용권을 저당 후 그 토지상에 새로 증축한 건축물은 저당재산에 속하지 않는다. 그 건설용지사용권에 저당권 실현 시 해당 토지상에 새로 증축한 건축물과 건설용지사용권은 동시에 함께 처분하여야 한다. 단, 신규 증축한 건축물로 취득한 대금은 저당권자	**第二百条** 建设用地使用权抵押后，该土地上新增的建筑物不属于抵押财产.该建设用地使用权实现抵押权时，应当将该土地上新增的建筑物与建设用地使用权一并处分，但新增建筑物所得的价款，抵押权人无权优先受偿.

가 우선변제의 권리를 갖지 못한다.	
제201조 본 법 제180조 제1항 제(3)호가 규정한 토지도급경영권에 저당권을 설정하는 경우, 또는 제183조의 규정에 의거 향진, 촌기업의 공장건물 등 건축물 점용 범위내의 건설용지사용권에 저당권을 동시 설정하는 경우, 저당권 실현 후 법정절차를 거치지 않고 토지 소유권의 성질과 토지용도를 변경할 수 없다.	**第二百零一条** 依照本法第一百八十条第一款第三项规定的土地承包经营权抵押的， 或者依照本法第一百八十三条规定以乡镇，村企业的厂房等建筑物占用范围内的建设用地使用权一并抵押的， 实现抵押权后，未经法定程序，不得改变土地所有权的性质和土地用途.
제202조 저당권자는 주채권의 소송시효 기간내에 저당권을 행사하여야 한다. 저당권을 행사하지 않은 경우, 인민법원은 이를 보호하지 않는다.	**第二百零二条** 抵押权人应当在主债权诉讼时效期间行使抵押权；未行使的， 人民法院不予保护.
제2절 **최고액저당권(근저당권)**	**第二节** **最高额抵押权**
제203조 채무 이행의 담보를 위해 채무자 또는 제3자가 일정 기간 내 연속하여 발생하는 채권에 대해 담보재산을 제공하는 경우, 채무자가 기한이 만료한 채무를 이행하지 않거나, 또는 당사자가 약정한 저당권을 실현하는 정황이 발생할 경우 저당권자는 최고채권액 한도 내에서 그 담보재산으로부터 우선 변제의	**第二百零三条** 为担保债务的履行， 债务人或者第三人对一定期间内将要连续发生的债权提供担保财产的， 债务人不履行到期债务或者发生当事人约定的实现抵押权的情形， 抵押权人有权在最高债权额限度内就该担保财产优先受偿. 最高额抵押权设立前已经存在的债权，

권리를 갖는다. 최고액저당권을 설립 전에 이미 존재하는 채권은 당사자 동의를 거쳐 최고액 저당 담보의 채권 범위 내에 포함할 수 있다.	经当事人同意, 可以转入最高额抵押担保的债权范围.
제204조 근저당이 담보의 채권 확정 전 일부 채권을 양도하는 경우, 최고액저당권은 양도할 수 없다. 단, 당사자가 별도 약정이 있는 경우는 제외한다.	**第二百零四条** 最高额抵押担保的债权确定前, 部分债权转让的, 最高额抵押权不得转让, 但当事人另有约定的除外.
제205조 근저당 담보의 채권 확정 전 저당권자와 저당권설정자는 협의를 통해서 채권 확정기간, 채권 범위 및 최고채권액을 변경할 수 있다. 단, 변경 내용은 기타 저당권자에 대해 불리한 영향을 미칠 수 없다.	**第二百零五条** 最高额抵押担保的债权确定前, 抵押权人与抵押人可以通过协议变更债权确定的期间, 债权范围以及最高债权额, 但变更的内容不得对其他抵押权人产生不利影响.
제206조 아래 상황의 하나가 있는 경우에는 저당권자의 채권이 확정된다. (1) 약정된 채권의 확정기한이 만료된 경우 (2) 채권의 확정기한이 약정되지 않았거나 또는 약정이 불명확한 경우, 저당권자 또는 저당권설정자가 최고액저당권을 설립한 일자로 부터 만 2년 후 채권의 확정을 청구하는 경우 (3) 새로운 채권이 발생할 수 없는 경우 (4) 저당재산이 봉인, 차압된 경우 (5) 채무자, 저당권설정자가 파산선고	**第二百零六条** 有下列情形之一的, 抵押权人的债权确定 : (一) 约定的债权确定期间届满 ; (二) 没有约定债权确定期间或者约定不明确, 抵押权人或者抵押人自最高额抵押权设立之日起满二年后请求确定债权 ; (三) 新的债权不可能发生 ; (四) 抵押财产被查封, 扣押 ; (五) 债务人, 抵押人被宣告破产或者被撤销 ;

를 받거나 또는 취소된 경우 (6) 법률이 규정하는 채권 확정의 기타 상황의 경우	(六) 法律规定债权确定的其他情形.
제207조 최고액저당권에 대해서는 본 절의 규정 외에, 본 장 제1절 저당권의 규정을 적용한다.	**第二百零七条** 最高额抵押权除适用本节规定外, 适用本章第一节一般抵押权的规定.
제17장 **질권**	**第十七章** **质权**
제1절 **동산 질권**	**第一节** **动产质权**
제208조 채무 이행을 담보하기 위해 채무자 또는 제3자가 그 동산을 질로서 채권자 점유를 이행하는 경우, 채무자가 기한이 만료한 채무를 이행하지 않거나, 또는 당사자가 약정한 질권의 실현 사유가 발생한 상황에서 채권자는 해당 동산으로부터 우선 변제를 받는 권리를 갖는다. 전항에서 규정한 채무자 또는 제3자는 질권설정자(질인)가 되고, 채권자는 질권자가 되며, 인도하는 동산은 질권 설정동산이 된다.	**第二百零八条** 为担保债务的履行, 债务人或者第三人将其动产出质给债权人占有的, 债务人不履行到期债务或者发生当事人约定的实现质权的情形, 债权人有权就该动产优先受偿. 前款规定的债务人或者第三人为出质人, 债权人为质权人, 交付的动产为质押财产.
제209조 법률, 행정법규가 양도를 금지	**第二百零九条**

하는 동산은 질이 될 수 없다.	法律,行政法规禁止转让的动产不得出质.
제210조 질권 설립 경우, 당사자는 서면 형식을 통해 질권설정 계약을 체결해야 한다. 질권설정 계약에는 일반적으로 아래의 조항을 포함한다. (1) 피담보채권의 종류와 금액 (2) 채무자의 채무 이행 기한 (3) 질권설정 재산의 명칭, 수량, 질량, 상황 (4) 담보의 범위 (5) 질권설정 재산의 인도 시간	**第二百一十条** 设立质权, 当事人应当采取书面形式订立质权合同. 质权合同一般包括下列条款 : (一) 被担保债权的种类和数额 ; (二) 债务人履行债务的期限 ; (三) 质押财产的名称,数量,质量,状况 ; (四) 担保的范围 ; (五) 质押财产交付的时间.
제211조 질권자는 채무 이행기한 만료 전, 질권설정자와, 채무자가 만기가 도래한 채무를 불이행시 질권설정재산을 채권자 소유로 귀속하는 약정을 맺을 수 없다.	**第二百一十一条** 质权人在债务履行期届满前, 不得与出质人约定债务人不履行到期债务时质押财产归债权人所有.
제212조 질권은 질권설정자가 질권설정재산을 인도한 시점부터 설립된다.	**第二百一十二条** 质权自出质人交付质押财产时设立.
제213조 질권자는 질권 설정재산으로부터 발생한 과실의 수취 권리를 갖는다. 단, 계약에 따라 별도의 약정이 있는 경우는 제외한다. 전항에서 규정한 과실은 과실의 수취 비용에 우선 충당되어야 한다.	**第二百一十三条** 质权人有权收取质押财产的孳息, 但合同另有约定的除外. 前款规定的孳息应当先充抵收取孳息的费用.

제214조 질권자가 질권 존속기간에 질권설정자의 동의를 거치지 않고, 질권 설정재산을 무단으로 사용하고 처분하여, 질권설정자에게 손해를 입힌 경우 배상책임을 져야 한다.	**第二百一十四条** 质权人在质权存续期间, 未经出质人同意, 擅自使用,处分质押财产, 给出质人造成损害的, 应当承担赔偿责任.
제215조 질권자는 질권 설정재산을 적절하게 보관하는 의무를 진다. 보관이 적절하지 않아 질권 설정재산이 훼손 멸실된 경우, 이에 따른 배상책임을 져야 한다. 질권자의 행위가 질권 설정재산을 훼손, 멸실할 가능성 있는 경우, 질권설정자는 질권자에게 질권 설정재산의 공탁을 요구하거나 또는 사전 채무 변제와 질권 설정재산의 반환을 요구할 수 있다.	**第二百一十五条** 质权人负有妥善保管质押财产的义务；因保管不善致使质押财产毁损,灭失的, 应当承担赔偿责任. 质权人的行为可能使质押财产毁损, 灭失的, 出质人可以要求质权人将质押财产提存, 或者要求提前清偿债务并返还质押财产.
제216조 질권자의 귀책이 아닌 사유로 질권설정재산이 훼손되거나 또는 가치가 현저히 감소될 가능성이 높아 족히 질권자의 권리에 위해를 미칠 가능성이 높은 경우, 질권자는 질권설정자에 대해 이에 상응하는 담보 제공을 요구 할 수 있다. 질권설정자가 이에 해당하는 담보를 제공하지 않는 경우, 질권자는 질권설정 재산을 경매, 환금하여 취득한 대금으로 사전 변제 또는 공탁을 할 수 있다.	**第二百一十六条** 因不能归责于质权人的事由可能使质押财产毁损或者价值明显减少, 足以危害质权人权利的, 质权人有权要求出质人提供相应的担保；出质人不提供的, 质权人可以拍卖,变卖质押财产, 并与出质人通过协议将拍卖,变卖所得的价款提前清偿债务或者提存.

제217조 질권자는 질권 존속기간에 질권설정자의 동의를 거치지 않고 질을 다른 용도로 전용하여 질권 설정재산의 훼손 또는 멸실을 초래한 경우, 질권설정자에 대한 배상책임을 져야 한다.	**第二百一十七条** 质权人在质权存续期间， 未经出质人同意转质，造成质押财产毁损,灭失的,应当向出质人承担赔偿责任.
제218조 질권자는 질권을 포기할 수 있다. 채무자가 본인재산에 질권을 설정하였고, 질권자가 그 질권을 포기할 경우, 기타 담보자는 질권자가 우선 변제수령권을 상실하는 범위내에서 담보책임을 면제받는다. 단, 기타 담보자가 여전히 담보의 제공을 승락하는 경우는 제외한다.	**第二百一十八条** 质权人可以放弃质权.债务人以自己的财产出质，质权人放弃该质权的，其他担保人在质权人丧失优先受偿权益的范围内免除担保责任， 但其他担保人承诺仍然提供担保的除外.
제219조 채권자가 채무를 이행하거나 또는 질권설정자가 담보된 채권을 사전에 변제한 경우, 질권자는 질권설정재산을 반환하여야 한다. 채권자가 만료한 채무를 이행하지 않거나 또는 당사자가 약정한 질권의 실현 사유가 발생한 상황의 경우, 질권자는 질권설정자와 합의하여 질권설정재산을 현금화 하여 채무에 충당하거나, 또는 경매, 환금 처분을 통해 취득한 대금으로 우선변제를 받을 수 있다. 질권설정재산을 현금화하여 채무에 충당하거나, 또는 환금 처분하는 경우에	**第二百一十九条** 债务人履行债务或者出质人提前清偿所担保的债权的， 质权人应当返还质押财产. 债务人不履行到期债务或者发生当事人约定的实现质权的情形， 质权人可以与出质人协议以质押财产折价， 也可以就拍卖,变卖质押财产所得的价款优先受偿. 质押财产折价或者变卖的， 应当参照市场价格.

는 시장가격을 참조해야 한다.	
제220조 질권설정자는 채무 이행 기한 만료 후 즉시 질권자에게 질권 행사를 청구할 수 있다. 질권자가 행사하지 않는 경우, 질권설정자는 인민법원에 질권설정재산의 경매, 환금을 청구할 수 있다. 질권설정자가 질권자에 질권 행사를 즉시 청구한 경우, 질권자가 권리 행사를 태만하게 하여 손해를 입히면 질권자는 배상책임을 진다.	**第二百二十条** 出质人可以请求质权人在债务履行期届满后及时行使质权；质权人不行使的，出质人可以请求人民法院拍卖，变卖质押财产. 出质人请求质权人及时行使质权，因质权人怠于行使权利造成损害的，由质权人承担赔偿责任.
제221조 질권설정재산을 현금화하여 채무충당을 하거나, 또는 경매, 환금 처분을 한 후에 그 대금이 채권액을 상회하는 부분은 질권설정자의 소유로 하고 부족한 부분은 채무자가 변제한다.	**第二百二十一条** 质押财产折价或者拍卖，变卖后，其价款超过债权数额的部分归出质人所有，不足部分由债务人清偿.
제222조 질권설정자와 질권자는 합의에 의해 최고액질권을 설립할 수 있다. 최고액질권은 본 절의 관련 규정 외에 본법 제16장 제2절 최고액저당권의 규정을 참조한다.	**第二百二十二条** 出质人与质权人可以协议设立最高额质权. 最高额质权除适用本节有关规定外，参照本法第十六章第二节最高额抵押权的规定.
제2절 **권리 질권**	**第二节** **权利质权**
제223조 채무자 또는 제3자가 처분 권	**第二百二十三条**

리를 갖는 아래의 권리에 대해 질권을 설정할 수 있다.	债务人或者第三人有权处分的下列权利可以出质：
(1) 환어음, 수표, 약속어음	(一) 汇票,支票,本票；
(2) 채권, 예금통장	(二) 债券,存款单；
(3) 창고증권, 화물인환증	(三) 仓单,提单；
(4) 양도 가능한 기금지분, 주식	(四) 可以转让的基金份额,股权；
(5) 양도가능한 등록상표 전용권, 특허권, 저작권 등 지적재산권 중의 재산권	(五) 可以转让的注册商标专用权,专利权,著作权等知识产权中的财产权；
(6) 미회수 대금	(六) 应收账款；
(7) 법률, 행정법규에 규정된 질권 설정이 가능한 기타의 재산권리	(七) 法律,行政法规规定可以出质的其他财产权利.
제224조 환어음, 수표, 약속어음, 채권, 예금통장, 창고증권, 화물인환증에 질권을 설정하는 경우, 당사자는 서면 계약을 체결하여야 한다. 질권은 권리증빙이 질권자에게 교부시 설립된다. 권리증빙이 없는 경우, 질권은 유관기관 질권설정 등기수속시 설립된다.	**第二百二十四条** 以汇票,支票,本票,债券,存款单,仓单,提单出质的, 当事人应当订立书面合同.质权自权利凭证交付质权人时设立；没有权利凭证的, 质权自有关部门办理出质登记时设立.
제225조 환어음, 수표, 약속어음, 채권, 예금통장, 창고증권, 화물인환증의 지불일 또는 화물인도일이 주채권의 기일에 선행하는 경우, 질권자는 현금 또는 화물을 인도받을 수 있고, 질권설정자와 합의하여 현금지급을 받은 대금 또는 인도받은 화물로 기한 전에 변제하거나	**第二百二十五条** 汇票,支票,本票,债券,存款单,仓单,提单的兑现日期或者提货日期先于主债权到期的, 质权人可以兑现或者提货,并与出质人协议将兑现的价款或者提取的货物提前清偿债务或者提存.

또는 공탁할 수 있다.	
제226조 기금지분, 주식에 질권을 설정하는 경우, 당사자는 서면 계약을 체결해야 한다. 기금지분, 증권등기결제기구에 등기한 주식에 질권을 설정하는 경우, 질권은 증권등기결제기구가 질권설정등기 시 설립된다. 기타 주식을 가지고 질권을 설정한 경우, 질권은 공상행정관리기관이 질권설정 등기 시 설립된다.	**第二百二十六条** 以基金份额,股权出质的， 当事人应当订立书面合同.以基金份额,证券登记结算机构登记的股权出质的， 质权自证券登记结算机构办理出质登记时设立；以其他股权出质的， 质权自工商行政管理部门办理出质登记时设立.
기금지분, 주식에 질권 설정 후, 이를 양도할 수 없다. 단, 질권설정자와 질권자가 협상를 통해 동의를 한 경우는 제외한다. 질권설정자가 기금지분, 주식의 양도로 취득한 대금은 질권자에게 사전 변제하거나 또는 공탁하여야 한다.	基金份额,股权出质后， 不得转让， 但经出质人与质权人协商同意的除外.出质人转让基金份额,股权所得的价款， 应当向质权人提前清偿债务或者提存.
제227조 등록상표전용권, 특허권, 저작권 등 지적재산권 중 재산권에 질권을 설정하는 경우, 당사자는 서면계약을 체결해야 한다. 질권은 관련 주관기관이 질권설정 등기수속 시 설립된다.	**第二百二十七条** 以注册商标专用权,专利权,著作权等知识产权中的财产权出质的， 当事人应当订立书面合同.质权自有关主管部门办理出质登记时设立.
지적재산권 중 재산권에 질권 설정 후 질권설정자는 이를 양도 또는 타인의 사용을 허락할 수 없다. 단, 질권설정자와 질권자가 협상을 통해 동의 한 경우는 제외한다. 질권설정자가 질권을 설정한 지	知识产权中的财产权出质后， 出质人不得转让或者许可他人使用， 但经出质人与质权人协商同意的除外.出质人转让或者许可他人使用出质的知识产权中的财产权所得的价款， 应当向

적재산권중 재산권을 양도하거나 또는 타인에게 사용을 허락하여 취득한 대금은 질권자에게 사전 변제하거나 또는 공탁하여야 한다.	质权人提前清偿债务或者提存.
제228조 미회수대금에 질권을 설정하는 경우 당사자는 서면 계약을 체결해야 한다. 질권은 신용대출 증명기구가 질권설정 등기수속 시 설립된다.	**第二百二十八条** 以应收账款出质的， 当事人应当订立书面合同. 质权自信贷征信机构办理出质登记时设立.
미회수대금에 질권을 설정한 후, 이를 양도할 수 없다. 단, 질권설정자와 질권자가 협상을 통해 동의한 경우는 제외한다. 질권설정자가 미회수대금의 양도로 취득한 대금은 질권자에게 사전 변제하거나 또는 공탁하여야 한다.	应收账款出质后, 不得转让, 但经出质人与质权人协商同意的除外. 出质人转让应收账款所得的价款， 应当向质权人提前清偿债务或者提存.
제229조 권리질권은 본 절의 규정 외에 본 장 제1절의 동산질권의 규정을 적용한다.	**第二百二十九条** 权利质权除适用本节规定外， 适用本章第一节动产质权的规定.
제18장 유치권	**第十八章 留置权**
제230조 채무자가 기한이 도래한 채무를 이행하지 않는 경우, 채권자는 합법적으로 이미 점유하고 있는 채무자의 동산을 유치할 수 있고, 그 동산을 우선적으로 변제 받는 권리를 갖는다.	**第二百三十条** 债务人不履行到期债务， 债权人可以留置已经合法占有的债务人的动产, 并有权就该动产优先受偿.
	前款规定的债权人为留置权人， 占有

전항에서 규정한 채권자는 유치권자가 되고, 점유한 동산은 유치재산이 된다.	的动产为留置财产.
제231조 채권자가 유치하는 동산은 채권과 동일한 법률관계에 속하게 된다. 단, 기업간의 유치는 제외한다.	**第二百三十一条** 债权人留置的动产, 应当与债权属于同一法律关系, 但企业之间留置的除外.
제232조 법률이 규정한 또는 당사자가 약정한 유치할수 없는 동산은 유치할 수 없다.	**第二百三十二条** 法律规定或者当事人约定不得留置的动产, 不得留置.
제233조 유치재산이 분할이 가능한 물인 경우, 유치재산의 가치는 채무금액에 상응하여야 한다.	**第二百三十三条** 留置财产为可分物的, 留置财产的价值应当相当于债务的金额.
제234조 유치권자는 유치재산을 적절하게 보관 해야할 의무를 갖는다. 보관이 적절하지 않아 유치재산이 훼손 멸실에 이르게될 경우, 에에 따른 배상책임을 져야한다.	**第二百三十四条** 留置权人负有妥善保管留置财产的义务；因保管不善致使留置财产毁损,灭失的, 应当承担赔偿责任.
제235조 유치권자는 유치재산으로부터 발생한 과실의 수취 권리를 보유한다. 전항에 규정한 과실은 과실의 수취비용에 우선 충당되어야 한다.	**第二百三十五条** 留置权人有权收取留置财产的孳息. 前款规定的孳息应当先充抵收取孳息的费用.
제236조 유치권자와 채무자는 재산유치 후의 채무이행기간에 대해 약정하여야 한다. 약정이 없거나 또는 약정이 불명확한 경우, 유치권자는 채무자에게 2개월 이상의 채무 이행기간을 주어야 한다. 단, 부패가 용이한 신선물 등 보관이	**第二百三十六条** 留置权人与债务人应当约定留置财产后的债务履行期间；没有约定或者约定不明确的, 留置权人应当给债务人两个月以上履行债务的期间, 但鲜活易腐等不易保管的动产除外. 债务人逾

용이하지 않은 경우는 제외한다. 채무자가 이행 기간을 넘겨 이를 이행하지 않을 경우, 유치권자는 채무자와 협의하여 유치재산을 현금화 처분하거나, 경매, 또는 환금처분을 통해 취득한 대금으로 우선변제를 받을 수 있다. 유치재산을 현금화 처리하여 채무를 충당하거나, 또는 환금 처분하는 경우에는 시장가격을 참조하여야 한다.	期未履行的， 留置权人可以与债务人协议以留置财产折价， 也可以就拍卖，变卖留置财产所得的价款优先受偿. 留置财产折价或者变卖的， 应当参照市场价格.
제237조 채무자는 유치권자에 대해 채무 이행기간 만료 후 유치권의 행사를 청구할 수 있다. 유치권자가 행사하지 않은 경우, 채무자는 인민법원에 유치재산의 경매, 환금 처분을 청구할 수 있다.	**第二百三十七条** 债务人可以请求留置权人在债务履行期届满后行使留置权；留置权人不行使的，债务人可以请求人民法院拍卖，变卖留置财产.
제238조 유치재산을 현금화하여 채무를 충당하거나, 또는 경매, 환금 처분 후 그 대금이 채권금액을 상회하는 부분은 채무자의 소유로 하고 부족한 부분은 채무자가 변제한다.	**第二百三十八条** 留置财产折价或者拍卖,变卖后，其价款超过债权数额的部分归债务人所有，不足部分由债务人清偿.
제239조 동일 동산에 저당권 또는 질권이 이미 설립되어 있고, 해당 동산이 유치되어 있는 경우, 유치권자는 우선 변제를 받는다.	**第二百三十九条** 同一动产上已设立抵押权或者质权，该动产又被留置的，留置权人优先受偿.
제240조 유치권자가 유치재산에 대해 점유를 상실하거나 또는 유치권자가 채무자가 별도 제공한 담보를 접수한 경	**第二百四十条** 留置权人对留置财产丧失占有或者留置权人接受债务人另行提供担保的，

우, 유치권은 소멸된다.	留置权消灭.
제5편 **점유**	**第五编** **占有**
제19장 **점유**	**第十九章** **占有**
제241조 계약관계 등에 근거하여 생산된 점유는 부동산 또는 동산의 사용, 수익, 위약책임 등과 관련한 계약의 약정에 따른다. 계약에 약정이 없거나 또는 약정이 불명확한 경우 관련 법률규정에 따른다.	**第二百四十一条** 基于合同关系等产生的占有, 有关不动产或者动产的使用,收益,违约责任等, 按照合同约定；合同没有约定或者约定不明确的, 依照有关法律规定.
제242조 점유자가 점유하는 부동산 또는 동산의 사용으로 인해, 해당 부동산 또는 동산에 손해를 초래한 경우, 악의의 점유자는 이에 따른 배상책임을 져야 한다.	**第二百四十二条** 占有人因使用占有的不动产或者动产, 致使该不动产或者动产受到损害的, 恶意占有人应当承担赔偿责任.
제243조 부동산 또는 동산이 점유자에 의해 점유된 경우, 권리인은 원물 및 그 과실의 반환을 청구할 수 있다. 단, 선의의 점유자에게 해당 부동산 또는 동산을 유지보호하기 위해 지출한 비용을 지불하여야 한다.	**第二百四十三条** 不动产或者动产被占有人占有的, 权利人可以请求返还原物及其孳息, 但应当支付善意占有人因维护该不动产或者动产支出的必要费用.
제244조 점유 부동산 또는 동산의 훼손,	**第二百四十四条**

멸실되어 그 부동산 또는 동산의 권리인이 배상을 청구하는 경우, 점유자는 훼손, 멸실로 인해 취득한 보험금, 배상금 또는 보상금 등을 권리인에게 반환하여야 한다. 권리인의 손해를 충분히 메우지 못하는 경우, 악의의 점유자는 이에 추가로 그 손실을 배상하여야 한다.	占有的不动产或者动产毁损,灭失, 该不动产或者动产的权利人请求赔偿的, 占有人应当将因毁损,灭失取得的保险金,赔偿金或者补偿金等返还给权利人；权利人的损害未得到足够弥补的, 恶意占有人还应当赔偿损失.
제245조 점유 부동산 또는 동산이 침해된 경우, 점유자는 원물 반환의 청구 권리를 갖는다 점유를 방해하는 행위에 대해 점유자는 방해를 배제하거나 또는 위험을 제거하도록 청구할 수 있는 권리를 갖는다. 침해 또는 방해로 인해 손해가 초래된 경우, 점유자는 손해배상의 청구 권리를 보유한다. 점유자의 원물 반환청구권은 침해가 발생한 일자로부터 1년내에 행사하지 않는 경우, 해당 청구권은 소멸된다.	**第二百四十五条** 占有的不动产或者动产被侵占的, 占有人有权请求返还原物；对妨害占有的行为, 占有人有权请求排除妨害或者消除危险；因侵占或者妨害造成损害的, 占有人有权请求损害赔偿. 占有人返还原物的请求权, 自侵占发生之日起一年内未行使的, 该请求权消灭.
부칙	**附则**
제246조 법률, 행정법규가 부동산 통일 등기 범위, 등기기관과 등기방법에 대하여 규정하기 전 지방성 법규는 본 법률의 관련규정에 따라 규정할 수 있다.	**第二百四十六条** 法律, 行政法规对不动产统一登记的范围, 登记机构和登记办法作出规定前, 地方性法规可以依照本法有关规定作出规定.

제247조 본 법률은 2007년 10월1일부터 시행한다.	第二百四十七条 本法自2007年10月1日起施行

참고자료 및 기관

I. 중국 서적

1. 중화인민공화국 헌법 학습문답 중국언실출판사 2015
   中華人民共和國 憲法 學習問答 中國言實出版社 2015
2. 중화인민공화국 공사법 주석본 법률출판사 황해위 2015
   中華人民共和國 公司法 注釋本 學習問答 法律出版社 2015
3. 방옥정수보상규분처리 제5판 법률출판사 전업출판편집위원회 동표 백혜림 2014
   房屋征收補償糾紛處理 第5版 法律出版社 專業出版編輯委員會 董彪 白慧林 2014
4. 방지산고급법률고문총서 물업관리규분심판실무여전형안례석의 중국법제출판사 정건화 2008
   房地產高級法律顧問總書 物業管理糾紛審判實務與典型案例釋疑 中國法制出版社 丁健華 2008
5. 토지가정승포경영제도 적효여창신연구 허월명 중국농업출판사 2007
   土地家庭承包經營制度 績效與創新研究 許月明 中國農業出版社 2007
6. 외상투자방지산법률실무 주승 법률출판사 2009
   外商投資房地產法律實務 周勝 法律出版社 2009
7. 중국법원2014년도안례 토지규분 국가법관학원안례개발연구중심 중국법제출판사 2014
   中國法院2014年度案例 土地糾紛 國家法官學院案例開發研究中心 中國法制出版社 2014

8. 중화인민공화국 토지관리법 배투해독여실례 법률출판사 이하정 2014
中華人民共和國 土地管理法 配套解讀與實例 法律出版社 李遐楨 2014
9. 중화인민공화국 성시방지산관리법 중국법제출판사 2010
中華人民共和國 城市房地産管理法 中國法制出版社 2010
10. 방지산법 진휘동 복단대학출판사 2009
房地産法 陣耀東 復旦大學出版社 2009
11. 중한 경지이용 법률제도 비교연구 박종상 랴오닝대학교 2014
中韓耕地利用法律制度比較研究 2014 朴鍾相 遼寧大學校
12. 중화인민공화국 토지관리법 안례전해 법률출판사법규치 2016
中華人民共和國 土地管理法 案例全解 法律出版社法規幟 2016

Ⅱ. 논문 / 언론

1. 택기지개혁: 조조배배거주적지방기시나전취능환 신화망 2014.10.26.
宅基地改革:祖祖輩輩居住的地方豈是拿錢就能換 신화망 2014.10.26.
2. 농촌택기지능부전양 토역망 2015.4.24.
農村宅基地能否轉讓 土易網 2015.4.24.
3. 농촌택기지확권등기발증유정 남국수자보 2013.12.7.
農村宅基地確權登記發證流程 南國數字報 2013.12.7.
4. 국토부 : 농촌택기지개혁방향부시자유매매 등신재경 2013.12.13.
國土部 : 農村宅基地改革方向不是自由買賣 騰迅財經 2013.12.13.

5. 십마시방지산전양 신루반망 2012.8.7.
什麽是房地産轉讓 新樓盤網 2012.8.7.
6. 2013년사법고시경제법 방지산전양 독각수사법고시망 213.5.28
2013年司法考試經濟法 房地産轉讓 獨角獸司法考試網 213.5.28
7. 총외자기업각도분석중국방지산법률 박종상 법제여사회 2012
從外資企業角度分析中國房地産法律 朴鍾相 法制與社會 2012
8. 방지산경제관리 중 존재적문제여 응대책략 조결 경제사 2015.1.25.
房地産經濟管理中存在的問題與應對策略 趙潔 經濟師 2015.1.25.
9. 아국 부동산등기제도 약간문제 연구 정병 법제와 경제 2015.1.10.
我國 不動産登記制度 若干問題研究 程兵 法制與經濟 2015.1.10.
10. 방옥예수합동법률문제조사보고 이하택시 L공사 위례 이취평 상구 직업기술학원학보 2015.2.26.
房屋豫售合同法律問題調查報告 以菏澤市L公司爲禮 李翠萍 商丘 職業技術學院學報 2015.2.26.
11. 논중국고대토지제도 대사인 재산권적 보호 엽위희 학리론 2015. 4.20.
論中國古代土地制度 對私人 財産權的 保護 曄偉熙 學理論 2015. 4.20.

Ⅲ. 전문 웹사이트

1. 중국중앙정부문호망참 http://www.gov.cn
   中國中央政府門戶網站 http://www.gov.cn
   ○ 중화인민공화국 헌법\
   中華人民共和國 憲法
   ○ 국무원관우심화개혁엄격토지관리적 결정 국발 2004.28호

國務院關于深化改革嚴格土地管理的 決定 國發 2004.28號

- 중화인민공화국 토지관리법

  中華人民共和國 土地管理法
- 중화인민공화국 물권법

  中華人民共和國 物權法
- 중화인민공화국 성시방지산관리법

  中華人民共和國 城市房地産管理法
- 중화인민공화국 합동법

  中華人民共和國 合同法
- 중화인민공화국 담보법

  中華人民共和國 擔保法

2. 랴오닝성심양시중급인민법원

   遼寧省瀋陽市中級人民法院
3. 베이징시제일중급인민법원

   北京市第一中級人民法院
4. 베이징시제이중급인민법원

   北京市第二中級人民法院
5. 베이징시제삼중급인민법원

   北京市第三中級人民法院
6. 베이징시제사중급인민법원

   北京市第四中級人民法院
7. 상하이시제일중급인민법원

   上海市第一中級人民法院
8. 상하이시제이중급인민법원

   上海市第二中級人民法院

9. 상하이시제삼중급인민법원

上海市第三中級人民法院

10. 바이두백과 http://www.bike.baidu.com

百度百科 http://www.bike.baidu.com

○ 토지소유제

土地所有制

○ 농촌택기지

農村宅基地

○ 토지사용권 획발

土地使用權 劃發

○ 토지사영권 출양

土地使用權 出讓

○ 토지사용권전양

土地使用權 轉讓

○ 방지산저압

房地産抵押

○ 방옥

房屋

○ 방옥조임

房屋租賃

○ 상품방

商品房

○ 경제실용방

經濟實用房

○ 방지산개발공사

房地産開發公司

○ 국유토지소유권

國有土地所有權

○ 집체토지소유권

集體土地所有權

○ 국유토지사용권

國有土地使用權

○ 농용지

農用地

○ 건설용지

建設用地

○ 물업

物業

Ⅳ. 자료 협조

1. 주중화인민공화국 대한민국대사관

   駐中華人民共和國大韓民國大使館

2. 주선양 대한민국총영사관

   駐瀋陽大韓民國總領事館

3. 주심양 한국인회

   駐瀋陽韓國人會

4. 주대련 한국인회

   駐大連 韓國人會

5. 중국조선족기업가 협회

   中國朝鮮族企業家協會

6. 중국심양조선족기업가 협회
   中國瀋陽朝鮮族企業家協會
7. 한국동보율사사무소 주선양대표처
   韓國東寶律士事務所駐瀋陽代表處
8. 흑룡강성 해림시 한중우의공원
   黑龍江省海林市韓中友誼公園
9. 연변 화룡집단 용정 과수농장
   延邊華龍集團龍井果樹農場
10. 랴오닝대학교 법학대학원
    遼寧大學校 法學大學院
11. 선양박지환경과학기술유한공사
    瀋陽博地環保科技有限公司

박종상 朴鍾相

1973년 출생
주선양 대한민국총영사관 전문연구원, 법학박사
_표지날개 참조

중국 토지제도 연구 시리즈

CEO들이 챙겨보는 중국 토지법 이얼싼
- 부동산 제도와 매매 분규편 -

2017년 1월 3일 초판 1쇄 발행

지은이 박종상
펴낸이 김병환
펴낸곳 학자원
주 소 134-814 서울시 강동구 천호대로 1121
전 화 02) 6403-1000
팩 스 02) 6338-1001
E-mail hakjaone@daum.net
등 록 2011년 3월 24일 제2011-14호

HAKJAONE Publishing Co.
1121 Cheonho-Daero Kangdong-Gu Seoul

ISBN : 979-11-85395-05-0 03320

값 15,000원

잘못 만들어진 책은 교환 가능하며 구입 서점이나 본사에서 교환해 드립니다.
이 책은 저작권법의 보호를 받는 저작물이므로 무단전재와 복제를 금지하며,
이 책의 내용을 이용하려면 저작권자와 학자원의 동의가 있어야 합니다.